娱乐资本论 2

小娱作者团◎著

经济日报出版社

图书在版编目（CIP）数据

娱乐资本论 . 2 / 小娱作者团著 . -- 北京：经济日报出版社，2019. 8

ISBN 978 - 7 - 5196 - 0593 - 3

Ⅰ. ①娱… Ⅱ. ①小… Ⅲ. ①文化产业 - 研究 - 中国 Ⅳ. ①G124

中国版本图书馆 CIP 数据核字（2019）第 187230 号

娱乐资本论 . 2

作　者	小娱作者团
责任编辑	高　远
责任校对	秦英超
社　址	北京市西城区白纸坊东街 2 号 A 座综合楼 710
邮政编码	100054
电　话	010 - 63567684（总编室）
	010 - 63538621　63567692（发行部）
网　址	www. edpbook. com. cn
E - mail	edpbook@ sina. com
经　销	全国新华书店
印　刷	北京鑫瑞兴印刷有限公司
开　本	710 × 1000 毫米　1/16
印　张	15. 25
字　数	220 千字
版　次	2019 年 10 月第 1 版
印　次	2019 年 10 月第 1 次印刷
书　号	ISBN 978 - 7 - 5196 - 0593 - 3
定　价	58. 00 元

序言

廉洁

完美世界影视董事长兼 CEO

我很感谢也很荣幸受两位创始人的邀请，为《娱乐资本论 2》著序。跟道森和立湘的相识始于几年前我刚进入这个行业，作为中国娱乐产业首屈一指的自媒体，娱乐资本论对资本市场与互联网对娱乐产业带来的改变与融合有着深入的观察和思考，所以看他们的推送文章都是我每天结束工作后必做的功课。在之后的几次采访和活动中，我对这家公司和两位创始人有了更多了解，道森是财经记者出身，立湘则从事文娱报道很多年，在这两位创始人的带领下，这个年轻的创业团队已经逐渐成为中国娱乐产业的权威媒体平台，同时发展出矩阵业务，内容涵盖了电影、剧集、综艺、 动漫、游戏、音乐等各个垂直领域。它触达了大多数从业人员和行业投资人，从财经的视角洞悉中国娱乐产业，探索产业规律，监督行业乱象，发掘投资价值。

近几年来，文化娱乐领域一直受到资本追捧，眼下又正逢政策调整和行业变革求生的重要历史节点，我们更加需要具备深度报道能力的自媒体平台。作为具备自发传播属性的自媒体行业来说，靠噱头是无法赢得市场认可和长足发展的。跟做影视内容一样，媒体只有通过内容质量来逐步建立公信力及行业影响力，进而助力行业规范成长。这方面，我非常确信，“娱乐资本论”是走在前列的，是领时代之先的。

《娱乐资本论 2》主要收录了娱乐资本论近一两年的爆款文章，绝大多数我都拜读过。该书覆盖泛文娱的多个领域，有对业内重要事件、公司、人物的深度报道，见微知著；有对行业的全局或局部透视，具有深远的产业意义；也有对新生领域或鲜为人知的行业内幕的深入探寻，令人耳目一新。这本书是对过去的阶段性总结，更是对未来新征程的开启。我之所以如此欣然的为本书作序，是因为同样身为泛娱乐、传媒行业中的参与者，我自认为有几点属于我们两家企业，甚至属于这个行业的共通的价值观，希望与大家共勉。

1. 不忘初心。我始终相信，优秀的企业都是有灵魂，有使命，有初心的。这会让企业无论在任何境遇里，都心无旁骛，笃行无悔。就像完美世界影视，用温暖的、正能量的优秀作品去鼓舞人心，服务人民，响应时代，是 11 年来从未改变过的初心。对“娱乐资本论”我虽不敢妄自揣测，但我可以深切地感受到其作为媒体的那种客观、冷静、理性的态度和作为行业一员，努力促进行业发展的真挚热诚，我想，这大概就是道森和立湘创业的初心吧。一言以蔽之，无论是文艺工作者还是媒体工作者，我们都应秉承“初心”做人做事，肩负使命和责任感，创作和传播优质的内容，与时代精神琴瑟合鸣。

2. 秉持匠心。影视娱乐行业正处在一个变革的时代，会经历一些阵痛，这个无须讳言。但是，纵观古今中外的历次行业变革，总会有业精于勤、矢志不渝的一群人，最终站在时代的潮头。我相信，只要我们这个行业的从业者们能够拿出一部部充满诚意和匠心，能够感动人、鼓舞人的优秀作品，就能通过这一次次的变革，完成一次次的蜕变，将我们这个行业推向一个又一个新的高度。

3. 合作共赢。200多年前，亚当·斯密提出的分工协作促进效能理论，虽历经时空变迁，依然照耀人类社会不断前进。泛娱乐这样一个高度仰仗人才、创意的行业，尤其需要广泛合作。促进合作，整合各自优势资源形成化学反应，让 1+1>2；以资本为纽带，撬动产业的人才和资源，彼此协同合作，共生共赢，我相信是很多业内从业者的共识，也是大家正在努力实践的。这也正是我高度赞赏和认同娱乐资本论的一个根本原因。正所谓：左手娱乐，右手资本，和谐共生，共促繁荣。

“欲穷大地三千界，须上高峰八百盘”，如果我们面对眼前的困难感到迷茫和辛劳，说明我们还在攀登的路上，说明我们还可以站得更高，看得更远。变革，不仅意味着挑战，更意味着机遇。“十三五”以来，国家推动文化产业革新，要将文化产业的重要性上升到国家战略层面。我们正处在一个风云际会的伟大时代。所以我坚信，困难是暂时的，从长远来看，只要我们不忘初心，秉持匠心，合作共赢，我们的未来依然天宽地阔，大有可为！

最后，再次感谢立湘、道森二位好友，让我借“娱乐资本论”一方宝地，立言明志，与诸君共勉！

廉洁

完美世界影视董事长兼 CEO

目录 CONTENTS

《我不是药神》的制作和宣发，背后透露的是一份实打实的对电影的诚意和观众的尊重。这一现象化，也给中国认真做电影的人带去了鼓励，在当下，专注去做一部尊重创作和观众的电影依然是必经之路，没有捷径。

过去的电影中，出品方一般也就三五家公司，而在最近一两年，优质电影项目背后的出品方名单越来越长。到底是市场不景气引发的抱团取暖，还是业内新流行的一种投资策略？

四年多来，张昕宇和妻子梁红大概把全世界最极端的地方都走了一遍：最远的南极，最冷的村庄，最危险的中东，最原始的亚马逊部落，甚至下过南太平洋的火山、潜入墨西哥满是尸骨的圣井，还因为在阿富汗用3D投影技术还原巴米扬大佛，被塔利班通缉过。

这也是“中国制造”的飞机首次环球飞行。

这些故事被拍成了后来为人所知的纪实真人秀《侣行》，网络点击量超过16亿。

第一章

资本重塑

资本的力量强化了马太效应，这或许并不是一件好事。做一个依附者还是颠覆者，是每一个怀抱野心的文娱创业者必须破解的终极命题。

01

扩张：BAT开启娱乐投资新地图

“天底下没有BAT不碰的文娱生意。”这句圈内笑谈看似夸张，却也道出了几分真相。

在“怀胎”两年的《如懿传》首播前夕，三度冲击IPO却三度折戟的头部影视制作公司“新丽传媒”，最终还是选择了“卖身”。

不过，在当前对文娱股诸多限制的政策和集体遇冷的市场环境下，这并不是最坏的选择，何况还以155亿的天价卖给了腾讯旗下的“阅文集团”。这甚至足够让人艳羡了。

虽然投资者看起来并不买账，阅文股价接连下跌，不断刷新历史新低，2017年11月8日，阅文集团在港交所上市，开盘报价90港元，较发行价55港元上涨63.64%。2019年8月13日，阅文集团股价报24港元，创下上市后新万千瓦。但对有着“科技+文化”基础战略的腾讯而言，这都压根儿不叫事儿。

毫无疑问，对于早已在文学IP和动漫IP端深耕多年的腾讯而言，现在终于走到了大量兼并“制作”产业链的环节。

还不只是腾讯，它的竞争对手，阿里巴巴和百度（爱奇艺），也绝非等闲之辈。它们手握重金，在中国风起云涌的文娱世界频频出手，甚至短兵相接。

“IP- 孵化 - 制作（艺人经纪）- 分发（渠道、发行、营销）- 消费（衍生品、票务预订）”，“娱乐资本论”仔细梳理如上四大环节，发现 BAT 在影视娱乐的投资上面，从最早布局也最易资本化的 IP 端、渠道端，开始向各自的下游制作端、消费端排兵布阵。

不少文娱创业者对娱乐资本论说，“在中国进行文娱创业，走到最后，都逃不出 BAT 的手掌心。有人说在 BAT 中站队是一种现实无奈，但其实相比于默默死掉或被 BAT 嫡系部队干掉，能被 BAT 收编，甚至是不亚于上市的绝佳出路和荣光。”

更多人关心的问题是，BAT 在中国文娱产业分别扮演着什么样的角色？在过去的时间里，它们分别将真金白银砸向了哪里？未来又有什么样的新趋势？

娱乐资本论已梳理了 BAT 三家截止到 2018 年 8 月为止投资的 132 家娱乐行业公司，并从影视、动漫、综艺、艺人经纪等领域分析。

答案可能并不复杂。

腾讯：共投资 46 家
制霸动漫二次元，打通影视制作上下游

梦想“连接一切”的腾讯，正在其文娱主战场加速攻城略地。年轻一代，则是“逆生长”的腾讯一直试图抓住的“黄金群体”。

从投资数量上看，动漫二次元是腾讯“收买”年轻人的核心战场。

腾讯目前在中国动漫领域的布局庞大且深入。娱乐资本论通过天眼查梳理发现，除了原有的糖人动漫、绘梦动画、使徒子等 14 家动漫公司外，腾讯在 2018 年又新投了有狐文化、铁鳞社、幕星社、艾尔平方 4 家动画公司。

腾讯投资的文娱公司

领域	项目	公司
		天闻角川
	动漫IP	有狐科技
		从潇动漫
		悟漫田
		绘梦动画
		玄机科技
		糖人动漫
		艺画开天
动漫与衍生品		徒子文化
		铁鳞社
	动漫制作	动漫堂
		乐匠文化
		铸梦文化
		幕星社
		腾讯动漫
		艾尔平方
		原力动漫

其中，有狐文化是原创漫画创造及IP运营商，旗下产品有《怪物恋人》《妖师传奇》等。幕星社是签约头部数位百万粉丝的漫画家KOL的品牌，代表性作品为《19天》《SQ》等。艾尔平方，即卢恒宇和李姝洁工作室，是《镇魂街》《十万个冷笑话》漫改动画的制作方。从中可以看出，手持腾讯动漫海量IP的T家，想要实现从动漫IP孵化到动漫制作的全产业链覆盖。

在影视领域，腾讯在积极拉拢几大头部民营影视制作公司，形成联盟。

2018年3月腾讯加持投资柠萌影业C轮融资，两家公司先后合作过古装剧《择天记》《扶摇》。而耀客传媒在2014年就已获得腾讯系入股，两家公司也曾展开过定制化的网剧合作，比如《幻城》《鬼吹灯之黄皮子坟》。

目前来看，与腾讯关系最为紧密的是新丽传媒。

2018年3月，腾讯以33.17亿收购新丽传媒27.64%股份，成为其第二大股东，而最近阅文集团意图将新丽传媒变成自己的全资子公司。

腾讯投资的文娱公司

领域	项目	公司
电影	IP	阅文集团
	制作	博纳影业
		华谊兄弟
		工夫影业
		腾讯影业
	发行	微影时代
		腾影影视
		猫眼微影
电视	IP	羯双影业
	制作	灵河影视
		苍穹互娱
		七印象文化
		柠萌影视
		耀客传媒
		灵龙文化
		稻来传媒
	渠道	北京环小弟
		优扬文化
综艺制作		原子娱乐
		哇唧唧哇
		皙悦文化
艺人经纪		上海影视传媒股份有限公司
		周天娱乐
		唯壹文化

这当中也似乎释放出一种信号，腾讯在影视制作领域的布局，从简单的参股换取合作转变为更为深入的业务和资源上的互补整合。

一向被视为核心的文学 IP，腾讯除了拥有阅文集团外，还入股了作家匪我思存创立的双羯影业、作家江南的灵龙文化等公司。其中，匪我思存的《寂寞空庭春欲晚》和江南的《九州缥缈录》的剧版都是由早已被腾讯入股的柠萌影业制作的。

一个新的趋势是，腾讯开始加快布局网综和艺人经纪领域。

从2017年年底开始，腾讯接连入股“跑男之母”俞杭英的原子娱乐和“选秀教母”龙丹妮的哇唧唧哇公司，后者出品过《明日之子》《创造101》两档人气网综。《明日之子》胜出的九大厂牌，全部签在哇唧唧哇公司。《创造101》出道后的火箭少女则全员签约腾讯艺人经纪子公司海南周天娱乐有限公司。此外，坊间也屡次传闻“歌手之父”洪涛将入主腾讯。

另外，腾讯还投资了杨思维的北京唯壹文化传媒有限公司，壹心娱乐现在旗下签约赵又廷、白宇、李现等艺人，为腾讯日后的剧集提供了艺人资源。

阿里：共投资54家
重仓院线电影，建立生态闭环

相比腾讯，阿里大文娱的重心更多在电影上。

从2014年阿里巴巴收购港股上市公司“文化中国”并更名为“阿里影业”起，这家中国最大的电商公司便在电影行业频频出手，先后入股了华谊、光线、博纳等几家最受瞩目的电影制作公司。

2018年2月，阿里又与万达签订战略协议，以46.8亿人民币收购万达电影12.77%的股份，成为万达电影第二大股东。

除了入股多家头部电影制作公司，阿里在院线上也有布局，包括大地影院、星际影城、凤凰佳影。

作为阿里大文娱版图核心之一的阿里影业，本身在内容制作方面乏善可陈，押注重点是在淘票票。

淘票票的业务本质，就是院线电影的消费端环节。院线电影兴，则猫眼和淘票票兴，反之亦然。此前阿里对万达电影的收购，被业内认为最直接的受益方就是淘票票。

阿里投资的文娱公司

领域	项目	公司
电影	影视制作	优酷电影有限公司
		光线传媒
		华谊兄弟
		博纳影业
		万达电影
		鸣涧影业
		阿里巴巴影业
		和和影业
	渠道	东方嘉影
		大地影院
		星际影城
		凤凰佳影
	发行	淘票票
		娱乐宝

“阿里影业不想做传统电影公司，阿里影业定位为基础设施公司。对上游内容公司来说，我不会作为竞争者出现。” 2017 年 6 月的上海电影节上，时任阿里大文娱“一把手”的俞永福阐释了他对阿里影业的规划。

即便后来俞永福改任他职，这一战略在阿里影业依然延续。所谓“基础设施”，用阿里影业官方的话概括，即构建用户触达、商业化和内容产业化三大渠道平台，淘票票即是典型代表。阿里影业寄望于借此赋能电影产业，别人生产金矿（内容），阿里卖“铲子”。

这当然是一个长远的设想。娱乐资本论从知情人士处获悉，猫眼去年有超过亿元左右的盈利，微影方面也是持平或盈利的状态，而淘票票暂时还处于亏损状态。但在电影生态上，阿里搭建起了制作、宣发、影院的全覆盖。

不及在电影领域那般野心勃勃，阿里在剧集、网综以及艺人经纪领域都稍显平淡。

阿里投资的文娱公司

领域	项目	公司
电视	IP	磨铁图书
	影视制作	大鱼快乐
		仨仁影视
		东阳天世
		云尚文心
		中心影视
		好酷影视
		知了青年
		耀客传媒
		芭乐互动
		新片场
		申城影视
		稻草熊影业
		灵河文化
		目瑟文化
		骏声影业
		东阳小宇宙影视
		非凡响影视
		非凡响影视
		兴格文化
		东阳浩瀚
		光芒影业
	数据分析	Showtine Analytics
	渠道	A站

尽管阿里多次强调对优酷要有“富养女儿”的心态，但因为优酷受私有化影响，在影视方面的投资布局稍晚，追赶起竞争对手需要花费更多时间。比如耀客传媒这家公司，腾讯早在2015年就通过投资进行合作，而阿里参与的时间是在2017年10月。

目前，在影视方面，阿里形成了联合影视制作公司共同出品大剧，在优酷视频上独播的模式。

杨洋、宋茜的经纪公司悦凯影视背后的股东是阿里，优酷和悦凯联合出品的《武动乾坤》在优酷视频上独播；由王俊凯主演的优酷独播大剧《天坑鹰猎》，背后的出品方是优酷投资的霍尔果斯光芒影业；优酷投资的仨仁影视制作出品的《长安十二时辰》，也是优酷的独播大剧。

优酷在综艺上，并没有特别强烈需要影视公司和平台间联动。除了银河酷娱以外，像优酷新入股的七维动力，它是由《歌手》总导演都艳离职湖南卫视后，创立的一家综艺节目制作方，却联合腾讯视频研发制作了《创造 101》。

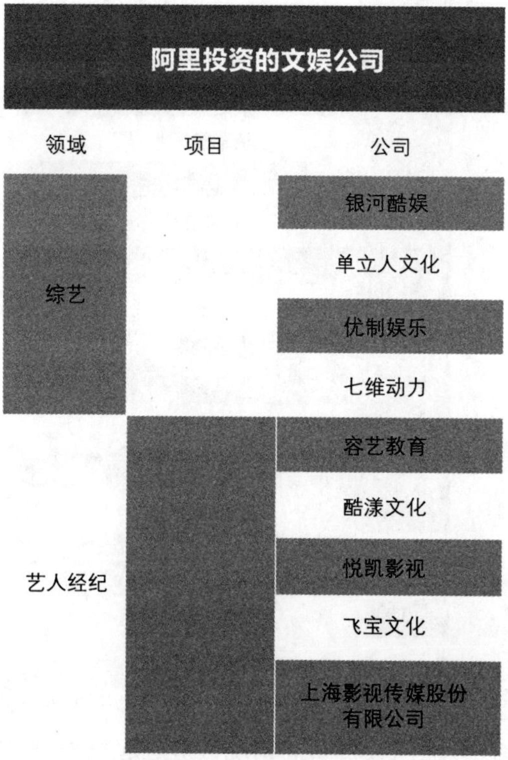

在艺人经纪上，优酷旗下的艺人经纪公司酷漾还没有与网综做一个很好的联动。目前酷漾签约的艺人，都是优酷自制节目上的主持人。

另外，优酷在积极布局自己的动漫产业。优酷早在 2016 年 1 月份，就推出了动漫“创计划”。优酷 2018 年在 ChinaJoy 展示的动漫《京剧猫》就是来自它投资的璀璨星空。此外，优酷 2018 年还投资了灌木文化等两家动漫公司。

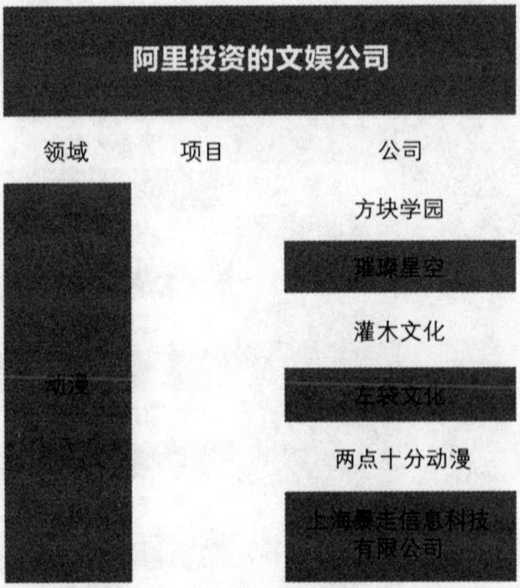

百度：共投资 29 家
凭借爱奇艺，横扫网剧领域制作公司

百度在大文娱板块的部署是由爱奇艺来主导的。此前，百度投资过的人人影视和星美控股，现在都呈现没落之势。

百度最为薄弱的电影业务，有了转机。2018 年 5 月，龚宇在爱奇艺世界大会上宣布，百度已经将百度糯米的票务业务转到了爱奇艺影业。但目前来看，爱奇艺影业成立稍晚，实力稍弱，要想在票务端打破淘票票、猫眼二分天下的局面，还需要一段时间。

爱奇艺的投资发力点还是在它一贯擅长的影视内容制作领域。

2017 年，是爱奇艺自制剧爆发的一年。自制网剧《无证之罪》和《河神》斩获了良好的口碑。据不完全统计，2017 年豆瓣评分 8.0 的网络剧作品多达 13 部，其中，爱奇艺占了 7 部。爱奇艺在网剧上的表现力与背后的资源部署不无关系。

阿里投资的文娱公司

领域	项目	公司
电影	制作	爱奇艺影业
	发行	百度糯米
	渠道	星美控股
	IP	嘻牛互娱
电视	制作	灵河文心
		海东明日
		任性文化
		华策爱奇艺
		东阳浩瀚
		灵河佳壹
		海宁盛夏影业
		华熙泰和
		闲工夫文化
		爆娱文化
		上海影视传媒股份有限公司
		万年影业
		归艺影视
	渠道	银河互联网电视有限公司
		酷开网络科技有限公司
综艺制作		黑镜数码
艺人经纪		果然天空
		爱豆世纪
		刺猬兄弟

娱乐资本论通过天眼查梳理得知，爱奇艺投资的影视内容公司多达十几家，包括万年影业、工夫影业、东阳浩瀚、灵河文化等等。其中，万年

影业是爱奇艺现象级自制剧《无证之罪》的制作方，工夫影业则和爱奇艺联合出品了《河神》，“网剧一哥”白一骢的灵河文化，则与爱奇艺共同开发了热门 IP《大主宰》。

2018 年，爱奇艺的投资版图中又新添任性文化、海东明日影视、华熙泰和等影视制作公司，可见爱奇艺在发展影视内容上的决心。

不过，随着腾讯用高估值收编新丽传媒等老牌劲旅，爱奇艺势必压力更大。

此外，凭借《偶像练习生》《中国新说唱》两款人气网综选秀节目的走红，爱奇艺顺势挺进艺人经纪领域。

2018 年 7 月，爱奇艺正式成立北京刺猬兄弟文化传媒有限公司。《中国新说唱》海选晋级的选手全部被签约到刺猬兄弟，合约期一年。此前，通过《偶像练习生》顺利出道的 Nine percent 的 9 位成员的经纪约全部签在 2018 年 3 月成立的爱豆世纪名下。这实现了一个很好地从网综选秀到艺人经纪的联动。

阿里投资的文娱公司

领域	项目	公司
动漫与衍生品	动漫IP	丹青映画
		时代漫王
		轻文网
	动漫出版	翻翻动漫
	动漫制作	ASK动画
		变月文化

但爱奇艺对艺人经纪的想象不止于此。2017 年 6 月，爱奇艺入股霍尔果斯归艺影视文化有限公司。据了解，“归艺影视”由中央戏剧学院资深表演系教师刘天池创办，由资深戏剧、影视导演及演员组成，是国内第一支专业影视表演指导团队。彼时与爱奇艺共同合作培养的艺人，将有机会直接出演爱奇艺出品的戏剧。

除了自身熟悉的领域，爱奇艺今年也在动漫游戏领域开疆拓土。

2018年第一季度，爱奇艺高调投资轻文网、时代漫王两家动漫IP公司。一个月后，爱奇艺又以千万级人民币投资了丹青映画这家漫画IP创作商。在此之前，爱奇艺在动漫IP领域的部署还是空白。此外，2018年爱奇艺还投资了艾尼美图这家动画创作公司。而此前爱奇艺出品过的《灵域》《剑王朝》《万古仙穹》等动漫作品正在打通漫改影视。

爱奇艺对天象互娱的收购，也被外界解读为未来公司对影游联动模式的一种探索。

6家共同参股公司

BAT边界在碰撞，“寡头割据”时代到临

文娱下半场，BAT在加速拼杀抢夺优质资源。要么是独自鲸吞，成为垄断，要么是三分天下，相互制衡。无论是前者还是后者，寡头割据的时代已经到临。

寡头割据的地方也透露出未来的大势。

娱乐资本论通过梳理发现，有些公司是BAT眼中共同的“香馍馍”。比如上海嬉牛互娱文化传播公司，它是业内新晋IP孵化运营商，百度和阅文的持股比例都是30%。显露出业内公司对IP的饥渴。

在演员片酬居高不下的环境下，BAT都开始纷纷布局自己艺人经纪的板块，企图从源头控制成本。上海影视传媒股份有限公司（简称上海影视）就齐聚了BAT三家公司，且三家在该公司持股比例均为5%，可见上海影视的平衡术之高明。

上海影视原名申城影业有限公司，注册资本2亿元，法人代表刘晓红。它与上海戏剧学院有着密切合作，旗下艺人大多系上戏毕业学生，是至今为止唯一一家与上海戏剧学院进行股权投资合作的影视公司，出品了王源

主演的《大主宰》。

BAT投资的文娱公司		
公司	资本	比例
华谊兄弟	腾讯	7.94%
	阿里	4.47%
	马云	3.60%
博纳影业	腾讯	4.84%
	阿里	7.72%
上海影视传媒股份有限公司	腾讯	5%
	阿里	5%
	爱奇艺	5%

除了艺人经纪，优质的影视制作公司也被群雄追逐。一直被认为是腾讯系的耀客传媒，最近一轮融资就由阿里旗下的云锋基金领投。联合创始人是李晨、冯绍峰、Angelababy 等艺人的浙江东阳浩瀚，投资方就是阿里和爱奇艺。电影领域，阿里和腾讯都共同入股了华谊兄弟和博纳影业。

《老九门》《盗墓笔记》的编剧白一骢，则通过一种更为“另类”的方式聚齐了 BAT。

白一骢的灵河文化传媒（上海）有限公司，A 轮由阿里的云锋基金投资。北京灵河文心文化传媒有限公司和灵河佳壹文化传媒无锡有限公司背后有爱奇艺占股，腾讯则参与了灵河影视制作（上海）有限分公司的 A 轮融资。而这几家公司的法定代表人均是白一骢。

这似乎是一种隐喻。不难预见，中国的文娱产业还会有源源不断的“张一骢”或“李一骢”出现，但站在他们背后的，可能依然是那三张并不新奇的老面孔。

资本的力量强化了马太效应，这或许并不是一件好事。做一个依附者还是颠覆者，是每一个怀抱野心的文娱创业者必须破解的终极命题。

02

制霸：腾讯重塑“动漫帝国”

2017 年 8 月 16 日，在国产动画《血色苍穹》的上线发布会上，腾讯动漫一位负责人开玩笑说：“我们部门很穷，没有足够的承制费，只好跟中影年年共同出品。”

事实上，腾讯不仅不穷，而且正在悄悄买下中国动漫领域的“半壁江山”。

有自媒体盘点了腾讯 2017 年上半年集中投资的 10 家动漫公司，其中包括 6 家漫画公司，4 家动画公司。这还只是媒体公开的，还有未进行工商变更的，以及正在走投资程序的。

除了公司股权之外，腾讯旗下的企鹅影视在 2017 年 7 月还发起了“百番计划”。

根据娱乐资本论了解，这 100 部番剧中，企鹅影视每一部的投资占比都在 20%–30%。更重要的是，百番计划中涉及到的动画公司，不少也都已进入腾讯的投资版图。

早在几年前，腾讯在动漫领域的布局，国内能与之相抗衡的公司就已寥寥无几。经过 2016 年到 2017 年，腾讯在动漫领域投资的突然加速，这家互联网巨头在整个中国动漫产业的布局，再次领先了对手几个身位。

腾讯2017年前七个月投资的动画漫画公司

被投企业简称	占股比例	投资时间	部分代表作
漫悦文化	20.00%	2017/3/7	《万网驱魔人》漫画
丛潇动漫	25.00%	2017/3/17	《演平乱志》漫画
乐匠文化	20.00%	2017/4/25	《通职者》漫画
悟漫田	20.00%	2017/1/22	《末世人间道》漫画
艺画开天	10.00%	2017/6/30	《疯味英雄》漫画
铸梦文化	15.00%	2017/7/18	《墓王之王》漫画
动漫堂	12.00%	2017/3/6	《一人之下》漫画
骏豪宏风	15.00%	2017/7/10	《超神学院》漫画
糖人动漫	11.09%	2017/4/26	《妖怪名单》漫画
玄机科技	12.00%	2017/1/23	《秦时明月》漫画

数据来源：三文娱，制图：娱乐资本论

这背后，既有战略布局方面的考量，但也有具体事件的刺激。

回溯2016年，国内泛娱乐领域的几个大事件，无一不给腾讯带来压力，也成为腾讯加码动漫领域投资布局的直接诱因：

1. 以段子漫画为主的快看漫画平台日活超过900万，超过腾讯动漫日活量；

2. 爱奇艺发力自制剧，付费会员数量取得突破性进展；

3. 网易《阴阳师》游戏瞬间崛起，让腾讯警惕；

4. 阿里大文娱小组来势汹汹，欲盘活内部包括优酷、UC等各大板块在内的文娱资源。

在外界看来，上述每一件事都能引发腾讯高层的震动，腾讯在动漫领域的加速发力，正是为了迎战快看漫画、爱奇艺、阿里大文娱这三大新生的竞争对手。

继网文领域的 IP 垄断之后，动漫领域会成为腾讯收割的另一个重要战场吗？腾讯的大举投入，意味着“庄家已经建仓”，动漫内容领域会迎来又一次的“价值重估”吗？

漫画领域，每家公司投资 20% 左右
低价抢先占坑

娱乐资本论梳理发现，腾讯的持股比例一般在 25% 以下，明显是布局赛道的方式。而腾讯在动漫领域标的公司的筛选和推荐，主要是通过腾讯动漫、阅文集团和腾讯视频三大主体来完成。

其中，阅文集团可以独立投资，而腾讯动漫和腾讯视频主要通过腾讯首席运营官任宇昕担任法人代表的两家公司——林芝利新信息科技有限公司和利通产业投资基金投资。

一般而言，腾讯动漫主要通过平台的动漫人气排行榜，找到排名比较靠前的作品背后的漫画公司；阅文集团主要投资熟悉阅文 IP，并在之前开发 IP 过程中，有过合作的公司；腾讯视频则主要筛选与番剧制作有关的动画公司。

按照腾讯“估值见面砍一半，程序至少走半年，签协议之后迅速打钱”的投资风格，2017 年上半年陆续披露的这些公司，都是在 2016 年下半年，甚至年初就开始接触和布局的。

腾讯投资漫画公司的一大优势在于，腾讯动漫的平台上有不少排行榜，比如畅销榜、人气总榜、少年漫画榜等。

腾讯能够根据榜单排名，顺藤摸瓜，找到作品背后的漫画公司进行投资，第一时间绑定漫画生产团队。

《一人之下》《妖怪名单》《通职者》，这三部作品在腾讯动漫平台的人气排行榜上人气分别为 151 亿，68 亿和 35 亿，围绕这 3 个漫画 IP，

腾讯投资了背后的动漫堂等三家漫画公司。

早期的漫画公司一般价格比较便宜，而且，还对平台的推广资源依赖性很强。因此，腾讯在合作中会相对强势。

“作为股东，腾讯有优先权。比如它可能要求每年提供10个选题，优先给腾讯动漫筛选。同等条件下，优先签约给腾讯动漫进行首发。”一位知情人士透露。

事实上，腾讯动漫有不少自有IP，比如《狐妖小红娘》《从前有座灵剑山》等，甚至跟日本集英社、讲谈社、角川集团、小学馆等日本漫画大社达成合作。

为什么会在2016年对国漫公司如此感兴趣？主要有两点原因，一是付费漫画市场的崛起。

目前，付费漫画整体做得并不算好，一个几百部作品的平台上，可能只有几部是付费漫画。况且，即便定位为付费漫画，为了积累粉丝，前期也是免费阅读。

但不可否认的是，这个市场中已经有公司通过单纯漫画付费业务盈利。有消息称，三福动漫仅通过《纯情丫头火辣辣》《国民老公带回家》等几部漫画，就可以实现月净利润上百万。

“大家都在为付费漫画布局，一般是几十部几十部地全网去推。这个市场确实在慢慢起来，但中间的过程需要多长，并不确定。”一家漫画公司创始人认为。

另一个更直接的原因是，2016年快看漫画平台的崛起。

尽管腾讯动漫的月活达到9000多万，大约是快看漫画的3倍，但快看漫画的日活已经达到900多万，而腾讯动漫的日活还不足500万。

数据方面的差异主要是两家平台上不同漫画类型造成的。快看漫画以短小的段子漫为主，一般1–2个月可能就更新一次；而腾讯以长故事漫画为主，可能需要四五年更新一次，对粉丝的黏性更高。

快看的崛起确实让腾讯动漫感受到了压力。主要是因为，快看漫画背后有今日头条这位重量级股东的加入。“今日头条就是快看漫画一个活生生的导流机器。”一位投资人说。

为了化解快看漫画带来的竞争压力，腾讯做得第一件事情就是给自己建护城河，尽量不要让漫画作者资源流失到竞争对手的公司，体现到投资上就是集中投资漫画公司。有消息人士透露，腾讯也曾经和快看漫画接触谈投资，只不过中间出现一些问题。

腾讯一贯的策略就是，先自己做业务，如果实在竞争不过对手，就直接买了对方的公司。而业内传言，快看漫画未来或许也不排除在股权层面与腾讯进行合作。

快看漫画比较尴尬的地方是，大量的段子漫画带来高点击量，但由于更新周期短等特点，没法开发成影视和游戏作品，后期变现难。

腾讯动漫不同，它有一个完整的生态闭环体系。如果两者可以实现资本上的合作，估计漫画领域就要出现强强联合的局面了。

发起“百番计划”
每部番剧投资 20%–30%
再收割动画公司

如果说 2016 年的布局重点在漫画公司身上，那么 2017 年，腾讯的布局重点则从漫画公司转为动画公司。

2017 年 7 月，企鹅影视动漫年度发布会上，宣布与腾讯动漫、腾讯游戏、阅文集团、玄机科技、视美精典、米粒影业、原力动画等数十家合作伙伴共同启动国漫“百番计划”。

根据娱乐资本论了解，企鹅影视每一部番剧中的投资比例在 20%–30%，包括玄机科技的《武庚纪》，米粒影业的《神契幻奇谭》和原力动画的《陨神记》等100部作品。

“百番计划中，一定有部分烂片。但毕竟体量在这里放着，又是独家内容，主要是为腾讯视频服务的，也是为了阅文和腾讯视频之间的联动。”上述投资人称。

在这一轮动画公司的投资主体中，有必要单独提一下阅文集团。

根据娱乐资本论了解，在百番计划中，包括《全职高手2》《斗破苍穹》等，有一少半的IP来自阅文集团。

在一些业内人士看来，假设2018年有100部番剧放在腾讯视频上。腾讯视频内部会先向阅文集团采购IP，改编权的价格不管怎么结算，阅文亏钱的可能性不大，“因为阅文集团要上市，要做利润报表”。

对于腾讯视频而言，花钱买阅文的IP之后，需要通过大量生产动画内容，获得愿意付费的年轻用户。这100部独家番剧，就是腾讯视频吸引会员的重要武器。

当然，比较现实的问题是，阅文集团的IP体量都比较大，改编难度大。但阅文一直在坚持改编。2016年，阅文集团已经制作了7部动画，预计2017年将上映12–15部动画。

前述动漫公司创始人称，到目前为止，阅文集团已经投资了包括福煦影视、杭州娃娃鱼在内的将近10家动漫公司，主要改编阅文的自有IP。

有消息称，到目前为止，腾讯已经把“百番计划”中涉及到的动画公司基本投完了。作为一家平台公司，缺乏制作能力是腾讯的一大痛点，投这些公司就是为了番剧制作。有业内人士表示：“具体的投资信息，估计今年下半年查工商资料基本就能查到了。”

而腾讯收割这批动画公司这也是有具体事件刺激的。

2016年爱奇艺在自制领域做得风生水起，会员付费可观，而腾讯视频相对弱势，甚至有市场传言，腾讯高层一度对视频业务产生过一些怀疑。

投资番剧动画公司，正是为了从动漫的角度，迎战爱奇艺。

在第一梯队的动画番剧公司中，腾讯投资了玄机科技，但并没有投资若森数字和中影年年这两家上升期公司。

不是没有接触，而是因为估值等各种原因没有投进去。

“相对于漫画公司而言，动画公司更加独立一些，尤其是从《大圣归来》和《不良人》之后，只要你的视频内容好，可以敞开跟各家平台合作，而不选择站队。”一家 3D 动画公司副总说。

类似于若森数字，他们更看中自身的独立性，谋求独立 IPO。

当奥飞和光线换成了爱奇艺和阿里大文娱
腾讯迎战“动漫新对手”

按照 IP 领域的惯例，网文的用户群体小于动漫，动漫的观众小于真人剧，剧的观众群体小于电影，而在网文 IP 已经瓜分殆尽的情况下，迅速出击其他领域的原创 IP，成为泛娱乐领域争夺的焦点。

前两年，与腾讯动漫一起布局的还有奥飞和光线。两家上市公司分别集中投资了不下 20 家公司。如今，大部分业内人士认为，奥飞在娱乐领域的布局，整体难言成功，公司主营业务依然以销售玩具收入为主。

而曾经号称投资了中国 70% 以上的优质动画公司的光线，在过去的两年中，似乎放慢了在动画领域的投资脚步，今年上映的动画电影《大护法》，票房也未达预期。

相比之下，腾讯布局动漫领域的节奏不断加快。如今，腾讯在动漫领域的对手，也换成了爱奇艺、阿里大文娱这样的互联网巨头。

2017 年 8 月 18 日，爱奇艺举办了一场自制动画暨 IP 战略的发布会，并在会上推出了马伯庸《四海鲸骑》动画，以及与稻草熊影业共同开发的《灵域》真人剧等重点项目。同时，还聘请了林更新担任爱奇艺自制动画的代言人和首席催更官。

种种迹象表明，爱奇艺也已经将自制动画以及番剧作为未来长期布局。动漫领域的投资，亦是爱奇艺的重点方向。例如，爱奇艺曾投资位于杭州的翻翻动漫，这家公司在漫画领域势力强大，不仅独家代理日本集英社的大量版权，而且培养大量优秀漫画家，旗下多个 IP 已进入影视化阶段。

由于爱奇艺自身资金并不如阿里、腾讯宽裕，在动漫领域的投资步伐相对较慢。相比之下，更加不容忽视的竞争对手，可能是阿里大文娱。

近一两年，优酷土豆不断加大动漫领域的布局，目前已经参与出品了《少年锦衣卫》《阿唐奇遇记》等多部动画作品，阿里大文娱也在内容方面不断倾斜资源。

优土还跟其卡通团队合资成立了优其文化来打造新的团队；阿里影业此前宣布将拍《还珠格格》动画片，由赵薇执导；长城动漫宣布的《咕噜咕噜美人鱼 2》，已经收到阿里影业旗下娱乐宝的 2990 万元投资款，双方约定娱乐宝投资 3000 万占比 75%。

“阿里影业也是打算做护城河，网文那一拨 IP 它抢到的不多，现在如果不占据动漫层面的 IP，很可能就被腾讯全部拿下了。按照这个架势，腾讯视频和优土的战争到 2019 年也打不完。”前述投资人对娱乐资本论表示。

事实上，动漫领域的布局，对于腾讯这样一家以游戏为收入支柱的公司而言，意义要比阿里大得多。

在强大的游戏基因之下，腾讯在动漫领域的布局，未来相当大的出口是为游戏服务，相对而言，阿里的游戏基因比较弱。

网易《阴阳师》的火爆曾让腾讯高层有些警惕，他们曾担心阴阳师会变成 IP 级别的游戏。

有业内人士对娱乐资本论透露，腾讯内部有个梗，像网易《大话西游》《英雄联盟》这种 10 年以上的游戏放在腾讯来运营，可能年利润会增加上千亿。因此，腾讯不愿意放过任何一个能成为 IP 的游戏。

更何况，IEG 和 OMG 两大事业群已经逐渐合并，打通内部闭环已经是势在必行。可以预计，未来腾讯在动漫领域还将继续加码。

03

绝境：影视“热钱”大退潮

2018 年，连续 5 年参加上海电影节，“娱乐资本论”深切体会到一个资本周期的潮涨潮落。

5 年前，中国影视从业者们意气风发，探讨的主题是“中国资本逆袭好莱坞”。彼时，弹药补给充裕的影视巨头们已经不满足于在国内开疆拓土。万达收购了美国 AMC 院线，小马奔腾收购美国顶级特效公司 Digital Domain，华谊收购国际领先的数字放映公司 GDC……而那场论坛还只是中国资本出海的前期捷报汇总。

到了 2018 年，影视业的光荣与梦想蒙上了厚重的恓惶。各个论坛上，大佬们的发言中充斥着一丝危机意味：“影视股可能继续下跌”“中国电影的新一次危机正在到来”“很多中小影视公司都融不到钱”“几千家影视公司要倒闭”……

融资难，是影视公司和影视项目近一年来的深刻感受。行业最热的年份里，影视项目可能只有一份 PPT，就能拿钱；后来，要看卡司是否真的签了约，看 IP 是否有热度；现在，头部电影项目常常需要十几家公司一起码盘，分散风险，腰部以下项目融资周期越来越长。

从影视项目，到影视公司，再到二级市场的上市公司，影视行业的“脸上”写着两个字——缺钱。到底情况有多严重？打听一下会发现，不少文娱基金二期的募资至今没有完成，有些甚至关门大吉。

“以前经常有人来找我，希望联手成立基金，有土豪，也有其他行业的公司，但 2018 年，再没人提这件事。”一位影视公司创始人表示。

这次融资寒冬，就像是一个“灰犀牛”事件，所有人眼睁睁看着却躲不掉。除了影视行业自身的问题，金融去杠杆引发的整个资金环境紧张也是大背景。易凯资本王冉直接警告称，一级市场资金断崖式下跌，募资越来越难，GP 们势必开始珍惜子弹。

“灰犀牛”一般是指概率极大、冲击力极强的风险。相对于黑天鹅事件的突发性，灰犀牛事件是在一系列警示信号和迹象之后可以预见的大概率事件。

一级市场融资难，二级市场也不好过。大盘震荡，再加上一些事件的影响，影视股普遍下跌，机构投资主力大批出逃。

2014 年的“三马入华谊”，堪称影视行业近年来最为风光的时刻，马云马化腾，还有中国平安的马明哲，一次性拿出 36 亿现金投资华谊……而如今，影视公司在资本市场的境遇早已今非昔比，曾经的资本盛宴如今到了清算的阶段。

不过，对于那些真正踏实做电影的人来说，资本的低谷，恰好祛除了此前热钱带来的浮躁和乌烟瘴气，整个影视行业也终将回归“拿好作品说话”的理性。

站在投资的角度，现在还很难说是抄底的好机会，毕竟二级市场股价还在下跌，但新一轮的投资机遇，或许就在不远的将来。

凭 PPT 拿到项目融资的日子不再，资本变聪明了

2017年爆款影片《战狼2》一举拿下来56亿的票房，但即便是这个项目，在融资初期也并不顺遂。

当时，主创吴京不仅抵押了自己的房产，去光线等多家大公司寻求融资也多次碰壁。成本高、风险大是当时《战狼2》融资难的原因之一，后期超支后，成本达到2亿元。

从2014年年底开始，单片制作成本迅速攀升，趋势就已很明显，这使得影视公司对资金需求越来越大。原来成本1亿就是大片，而现在，投资三四亿都属正常。2017年贺岁档上映的《妖猫传》耗时6年，制作耗资10亿，仅一个唐城就耗资30亿；《封神》三部曲预计耗时9年，总投资30亿……

影视项目的成本快速拉高，而电影市场并没有如人们的野心那样快速增长，这让投资的亏损概率升高。

“大体量的影片都想分散风险。投资方不敢贸然进去，生怕变成炮灰。”一位制片人称，这也是现在有些项目投资方能达到一二十家的原因。

当然有些项目成本也不是天然就高，而是在后期溢价中变成了“大体量”，企图在影片没上映之前就把成本先收回来。这种转嫁风险的意图，一度让保底发行大行其道，随着保底失败的案例越来越多，更多制片方又回到了溢价的方式。

这怎么玩儿？比如一个实际成本3000万的电影项目，出品方会开出1.5亿的盘子，开放10%的份额。一位制片人透露，2018年五一档上映的一部影片，集结了众多明星，由一家老牌影视公司制作，成本大约6000万，但后期对外报价1.5亿，甚至有些公司是按照2.2亿的价格投了进去。

在影视领域，核心出品方赚钱，跟投方亏钱，早已不是新鲜事。因此，不少好项目有时候融资也处于无人问津的状态，烂项目就更不用说了。

经过几年的摸索，即便是业外的影视投资人也已经摸清楚了这个行业的大部分套路。仅靠一个 PPT，一个拟定的主创班底就能拿到投资的时代一去不复返了。

这次“税务风波”暴露出更多影视行业深水区的秘密。由于影视行业工业化程度低，各种不规范的操作方式一直存在。

一位上市公司制片人表示，某位剧组副导演助理，正常工资每月 4000 元，但他 3 个月收入 10 万，怎么赚的？剧组的车加油，他找加油站一起赚。

“一个剧组从上到下都有可能出现问题，买个道具报账 10 万，实际可能就 1 万。这花的都是出品方的钱啊，还有谁愿意投？有的出品方都转为承制了。”

电影项目风险高，不少电影人将眼光瞄准了剧集，尤其是网剧。制作周期短，有视频网站买单，风险也更加可控，通常提前就锁定了收益，包括张艺谋、陈可辛等大导演纷纷宣布入局网剧。

越没有大卡司，电影项目就越融不到钱，越融不到钱，电影项目开机就越少，整个行业会陷入恶性循环。

影视公司一级市场融资陷入僵局，头部效应加速整合

在影视项目融资难度增加之外，影视公司的股权融资情况更加不乐观。

嘉行传媒和开心麻花超过 50 倍 PE 估值融资的情况，如今可能好景不再。短期内，影视公司 IPO 的通道几乎被封死，整个行业都在寻找资本新出口。

有些影视公司，在过去 1 年半时间都在融资，但目前仍未关闭，一些影视宣发公司的融资情况也不容乐观。而“腾讯爸爸”和“阿里爸爸”，在视频网站 PK 的大背景下，成为影视公司最大的金主，前有腾讯从光线手中接盘了新丽传媒的股权，而近期有消息称，某知名剧集公司刚刚完成

了新一轮融资，但估值跟上一轮持平，由腾讯领投。

这家公司算是剧集公司中比较成功的了，虽然“爆款”不多，但一年一部大剧还是能保证。“它是这两年资本市场推动下诞生的典型，钱到位，人到位，资源也不差，比其他公司条件好多了。但是在内容上，它没有那么多时间和耐心。这也说明，内容制作这个东西，不是1+1就一定等于2。”一家上市公司制片人称。

2016年之后影视行业还曾经诞生过一批导演工作室和编剧工作室，其中一些也进行了资本化。但现在，这些公司再想下一轮融资，恐怕就比较难了，“投资人意识到，不是多给钱，就一定有好内容出来。”

从一级市场大环境来说，2018年以来很多私募基金募资情况都不是很好。有些纯理财基金，只募集了20%的资金，甚至10%。投资医疗、生物、技术类的基金募集情况会稍微好一点。但文娱基金中就连排名靠前的基金募资情况也不是很乐观。

易凯资本CEO王冉表示，增量资金断崖式下跌，一级市场估值调整在即。“我们判断2018年下半年流入一级市场的资金至少减少50%-60%，甚至可能减少70%-80%。受其影响，中国一级市场的估值水平半年内会普降30%，个别之前泡沫比较严重的领域可能会降50%以上。”

一位长期关注文娱领域投资人表示，影视行业“水很深”，但是经过这几年的投资热，整个行业在投资人眼中，已然没有太多秘密。

“当你对这个行业足够熟悉的时候，就会明白，只有更头部的项目，才会匹配相对合适的价格。以前只要有个平台的购剧协议，公司就能融资，现在可能需要拿到平台盖章，甚至付一部分定金，投资人才会考虑。投资机构的判断已经更加理智，出手也会更谨慎。”

此前，新瞳资本合伙人沈佳荣也分享过他投影视公司的一些经验。在他最早的判断中，有好内容，商业模式足够好就值得投资，但后来发现，文娱公司创始人很难拿捏文化与商业之间的平衡。所以，此后决定不投纯内容公司。

大环境不好，融资难，IPO 更难，近年来正在排队上市的多家公司也纷纷受到证监会各种盘问，2017 年，整个行业仅有 3 家公司上市成功。

根据 Choice 的数据，2018 年 1–6 月份，A 股文化传媒板块仅完成了两项增发，累计融资额仅 17.23 亿元；影视板块 IPO 则仍保持着零的纪录。

2019年至今A股文化传媒板块累计增发融资额					
代码	名称	公司名称	发行方式	发行日期	融资额（亿元）
300364.SZ	中文在线	中文在线数字出版集团股份有限公司	增发	2018/3/28	10.23
002292.SZ	奥飞娱乐	奥飞娱乐股份有限公司	增发	2018/1/5	7

资本正在寻求新的出口——赴港上市。

不止一位投资人透露，影视行业不少公司都在积极准备赴港上市计划，既有从新三板摘牌的公司，也有一些老牌影视公司。

“香港的政策更加透明化一些，让人做到心有准备。毕竟，新丽传媒等公司多次 IPO 不成功，已经给行业带来了阴影。”一位业内人士称。

2018 年 4 月份，全国中小企业股份转让系统公司与港交所签署了合作谅解备忘录。这意味着“创业板 +H 股”的模式已经正式落地。在香港上市的公司一般在 6–12 月可完成上市过程，融资手段也更多样化。

猫眼微影、映客等多家文娱公司都相继传出即将赴港股上市的消息。

当然，整个行业也并非全是坏消息。

芒果 TV 努力多年，终于传来借壳上市 A 股获批，成为国内 A 股首家国有控股的视频平台，算是一片阴霾中难得的好消息。加上赴美上市的爱奇艺、B 站，这是年内又一例视频平台获资本市场接纳。

行业缺钱，而 BAT 旗下的三大视频平台仍在持续投入，这也让全行业的资源，愈发向平台集聚。群雄逐鹿的时代，逐渐向“三足鼎立”时代靠近。

二级市场主力出走，影视公司迎来“至暗时刻”？

从二级市场来看，2018年年初以来，整个文化传媒板块整体呈现主力资金净流出状态，累计净流出逾250亿元，文化传媒板块累计下跌20%，20日跌幅达到16%。有人戏谑：“崔永元以一己之力干翻了整个A股影视板块。”

曾经的影视行业老大哥华谊兄弟甚至被怀疑“高管跑路”。殊不知，被《手机2》风波、赵薇5年禁入令、乐视网“跑路”丑闻接二连三打击的影视行业短短几年前还是资本的乐土。

据Wind资讯数据统计，2013年–2016年，影视业并购重组分别发生了29起、46起、88起以及逾70起，涉及资金218亿元、359亿元、435亿元和300多亿元。

跨界并购更是成为一种风尚，市场一度流传一句调侃：养猪的，炼钢的，卖烟花的，卖菜的，和水泥的都来收购影视公司……因投资《战狼2》名利双收的北京文化以前的主业是旅游，正是在这一波跨界并购中转型成为影视行业的佼佼者。

现在为市场所诟病的影视行业商誉泡沫正是这一时期的历史遗留问题。在并购最火热的2015年，影视行业商誉占总资产平均值达到24.2%，较5年前增长145倍。影视行业简直成为了各行各业资本眼中的“流着奶与蜜之地”……

◆ 2014年11月，王中军以3.77亿元拍得梵高油画《插满雏菊和罂粟花的花瓶》。这成为这一轮影视资本化高歌猛进过程中的一个插曲。

◆ 2014年，华谊兄弟高溢价收购东阳浩瀚和东阳美拉股权，随后引发行业质疑。

◆ 2016年5月，监管开始收紧影视、游戏等四类产业的跨界并购重组和定增。唐德影视、暴风集团等也想要复制华谊的资本运作，分别提出以 4.35 亿元收购范冰冰旗下爱美神 51% 股权、10.8 亿元收购刘诗诗旗下稻草熊 60% 股权，均以失败告终。

◆ 2017 年，文化传媒行业并购浪潮继续回落。Wind 数据显示，2017 年影视资产重大重组无一过审。这背后是逐步趋严的监管政策。

◆ 2017 年 2 月，再融资新规落地；7 月，监管层对并购重组的业绩承诺进行调整，要知道并购业绩承诺与商誉风险正是文化传媒上市公司的大隐患。赵薇以“空手套白狼”的方式借壳万家文化遭重罚并禁入证券市场 5 年，成为这一年传媒板块最后的大雷。

◆ 2018 年，上海电影节，光线传媒董事长王长田的发言让人警醒：部分影视公司铺张浪费吓退资本，很多影视公司的项目融资都出现了困难，未来一两年内可能有几千家影视公司要倒闭。虽然票房在增长，行业收入在提高，但是只有行业内的人知道，这个行业在真正地走向水深火热。

二级市场上，影视股已成雷区。自 2015 年股市泡沫破裂之后，传媒板块已经连续两年大跌，2016 年以 37.71% 的跌幅领跌全行业，2017 年跌幅 21.65%，2018 年截至 6 月跌幅也已达到 20%，整体估值水平已经与 12 年接近，仅为 2015 年峰值时期的 1/4 左右。

并购业绩承诺与商誉风险“达摩克利斯之剑”正在落下。一批文化传媒公司 2017 年已经结束对赌期或在 2018 年达成对赌期，巨大的业绩风险摆在眼前。

除了业绩不达标带来的计提资产减值损失之外，多家公司还将迎来限售股解禁潮，包括华谊兄弟背后的腾讯、阿里、平安，这些股东当年的定增，也将解禁。

对此，华谊兄弟董秘高辉向娱乐资本论表示，“三马”没有卖出的计划、他们是战略合作者、希望加强合作。

加上贸易战风波不时扰动市场情绪、CDR 和科技独角兽快速上市的抽血效应，很难说文化传媒板块估值是否已经触到了地板。

大潮退去，回归本真

就在大佬们因为“融资难”而黯然神伤之时，影视行业制作人却略感庆幸——终于没有这些乌烟瘴气了。

寰宇电影一位项目总监表示，融资难很正常，头部项目风险系数低大家都想进，但大部分公司没有这样的机会，除了头部项目以外，水平参差的大大小小项目比比皆是，这就好比一层一层选拔，好项目好故事经过选拔之后最终脱颖而出成为靠谱项目，如果随便一个项目都容易找到钱，这一定不是一个好事情，一定烂片频出。

这次影视资本寒冬正在从另一端倒逼产生新的利益分配机制。上述影视投资人表示，原来明星的收入部分一旦被调节，省下来的开销就会在产业链上进行二次分配，促进其他环节的成长，比如特效，或者是衍生品。

“此前的利益分配机制，让艺人经纪公司成为市场热捧的标的，嘉行传媒、壹心娱乐都在这一轮的资本浪潮中快速成长。未来，这个行业资源和资金势必向头部聚集，二三线的影视公司会撤出一大批。”

“首当其冲的，就是开工量会减少。”有行业人士表示。“当大批中小影视公司没有了弹药，整个行业的开工量一定会下来，曾经因为需求旺盛而不断飙升的制片成本，或许也有望顺势降低。”上述制片人表示。

再接下来，可能就会是行业的整合期。退潮之时，才知道谁在裸泳，好公司永远都有机会。

当那些赶来“捞钱”的人们纷纷走开，大家回归内容，精心创作，这个行业才有希望。

04

新品：演唱会投资“理财产品化”，可靠吗？

张学友等艺人的内地演唱会，常常是一票难求，但当一份演唱会投资的理财产品摆在你面前，你，敢买吗？这个领域的水，到底有多深？

娱乐资本论就拿到了这样一份张学友演唱会私募基金产品介绍书。这款产品以张学友 2017 年中国内地巡回演唱会 3 场（大连 1 场、贵阳 2 场）为投资标的，募资 1840 万，占项目总投资的 30%。

然而，根据票务网站已经公开的演唱会排期，张学友的演唱会大连站和贵阳站都尚未有明确日期和地点。

此前，娱乐资本论曾提到演出商层层分发，主办方“股权化”的现状，有不少投资人和演出商都提出过目前演出市场生态非良性、透明度不够、没有形成闭环等等问题。

如今，这些热门演唱会背后，不仅有投资机构的身影，一些投资权还被包装成了理财产品，开始在市面上销售。

根据娱乐资本论的了解，国内大规模演出的“理财产品化”，是从 2016 年 Bigbang 二巡的深圳站开始的，这之后，很多华语歌手的演唱会都有相关理财产品发售。

演唱会投资的“散户化”，是机遇，还是陷阱？

张学友演唱会，100 万起投，不保本

根据娱乐资本论获得的这份张学友演唱会的私募基金计划，该基金名为“中融汇兴－悦融乐享 8 号私募基金”，共募集基金 1840 万元，基金期限 12+6 个月，投资起点 100 万元，以 10 万元的整倍数递增。

文字资料显示，中融信托此次融资的 1840 万元占到整个项目投资的 30%，北京动起来传媒占 70%。也就是说整个项目的融资额大约在 6133 万元。投资标的主要是张学友内地演唱会的三场，贵阳站两场，大连站一场。

该基金没有明确收益，是由浮动收益，并标明年化收益小于或等于 8% 的部分，100% 归基金份额持有人，基金管理人不收任何浮动业绩报酬；基金年化收益率在 8% 到 20% 的基金收益部分，70% 归基金份额持有人，剩余的 30% 归基金管理人；基金年化收益率在 20% 以上基金收益部分，50% 归基金份额持有人，而剩余部分归基金管理人。

中融信托内部人士 Soul 告诉娱乐资本论，张学友贵阳的两场演唱会分别定在了 2017 年 6 月 3 日和 4 日，现场有 4.6 万个座位，而大连场则定在了 2016 年 7 月 8 日，现场有 4.8 万个座位。

Soul 表示，这三场中，张学友不参与票务分成，演唱会的广告收入的 50% 就是他的收入。

据了解，如果张学友这三场演唱会的上座率超过 55%，则该基金就会盈利，否则就会亏本。上座率 100%，该基金盈利率为 49%，如果上座率在 80%，则盈利率在 34%。据某业内人士称，这并不是中融第一次做演唱会私募基金。

根据线下演出商、鹿地现场创始人李小雷的说法，之所以演出市场投资散户化，原因有三，“其一，2016 年演出数量爆炸性增长，多了很多项目，

其二，很多演出外围人员看到演出圈人员素质不高，产生了彼可取而代之的想法，其三，金融产品找不到好的资产。演唱会具备流动性好、最终用户分散（老百姓、歌迷）、不存在征收困难、知名度高（不像房地产产品，一讲就是贵州贵阳、山西、山东威海别墅项目）的优点，再加上找个明星一起吃顿饭，投资者自己就涌上来了”。

“主要还是因为资产荒，私募找不到20%以上收益的好项目”，李小雷说，而与信托、银行贷款相比，私募是最简单便利的募资模式，“信托是虽然不对外宣称是刚性兑付，但实际上就是刚性兑付，需要资产，银行贷款看抵押。”

但是这其中风险与机会并存。

高风险，“中间有很多骗子”

Anne是国内一家投资基金的主管合伙人，她所在的基金投资过很多个演唱会项目。

Anne告诉娱乐资本论，事实上演出基金化、理财产品化已经越来越成为一种趋势，虽然目前业内做演唱会投资的依然是少数。

究其原因，还是因为演唱会演出的相对风险性较高，在Anne看来，最大的风险在于演出市场各个环节没有形成闭环，各个环节就很容易出现风险点，“我们遇到过换盘的情况，另外有一些还会有圈钱跑路的情况”，事实上，直到演唱会当晚，中间都会存在变数，Anne说“这里面有很多坑”。

这其中最大的坑是要甄别出真假演出商，“中间有很多骗子，因为一开始一场演唱会几家演出商都给经纪公司交定金。这些演出商一旦交了定金他们就要对外发声说自己拿到了承办权，这时候他们就开始往下分包。最后只有一家能拿到承办权，有的演出商讲信誉的会把钱退回去，但是有的演出商就直接卷钱跑路了。”Anne说。

但是甄别真正的演出商是一件非常困难的事情，首先要对这个圈子了解，对演出商的口碑以及过往经历都有了解，知道他们的资源能否拿到演唱会的承办权。

另外还有一些其他风险，举个例子，一场演唱会中要跟当地的安全和消防部门打通关系，否则演唱会的场地就会申请不下来。而打通当地关系，演出公司有时候只能去找当地的地头蛇，不仅效率高而且变数也少。所以很多时候即便某一家演出商拿到主办权，但是真正落地到一个城市的时候还要跟当地演出商合作，因为当地演出商能够把当地的各种关系摆平。

正因为需要对这个圈子有非常深入的了解，所以目前做演唱会投资的基金数量并不多，Anne 介绍说："至少正规的没有几家，而演出商也并不都选择通过基金私募的形式募资，不懂的可能就直接跟黄牛合作。"

除此之外，Anne 还总结了演出市场的一些不可控因素：一是演出商能否约到场馆，要了解场馆费用是否付完；二是票务情况，要知道多少票通过票务平台售出，多少票通过黄牛售出；三是清楚结算周期是怎么样的，结算的时候二道贩子的钱如何控制；四是演唱会赞助的费用到底是多少等等。

在 Anne 看来，演唱会私募基金实际上是一种债权投资，它不像是股权一环扣一环，有的赞助是拿资源换来的，有时候场馆可能也是资源换的，很多账做假看不出来，这个是最大的问题。

演唱会类理财产品值得买吗？

演唱会到底赚不赚钱？

这个问题的答案很复杂，因为有关演唱会的收益是很复杂的，甚至也不能单纯从明星的咖位来判断。Anne 举了一个例子：郑秀文要是在北京办演唱会可能真的没什么人，但是在香港一定是爆满，甚至周杰伦都会有这种情况。“巨星也有地域性。”Anne 评价道。

另一方面，巨星演唱会运作中，主办方通常会将一部分票直接打包，高价卖给黄牛，比票面价高的这部分，是否算作基金的收益，这部分收益最终能有多少，也很难监控。

除了演唱会是谁来唱，规避风险是很多基金最终能否收回成本乃至盈利的很重要的操作。

Anne 在设计整套演唱会基金项目规则的时候费了很多心思，来规避演唱会各个风险点，这些招数说白了其实就是控制钱的进口和出口。

一旦投资演唱会，Anne 说整个演唱会的所有合同他们都会审核，包括演出场地、广告商的合同，所有演唱会的排期，每一份合同都会去核实真实性。另外，他们会设一个公共账户，所有通过票务平台回款的钱直接进公共账户，至于二手票务平台和黄牛的部分，虽然无法控制，但是可以通过公开的售票和位置图来进行估算。

在 Anne 看来，演唱会很多资源都是依靠置换，在账面上表现不出来，而且很多资金出口也不明确，虽然做不到每一笔账都明白，但是只要控制住大头，基本上也就控制住了风险。

虽然演唱会项目风险高，但是也有不少优点，比如回款快，现金流动高等等。

事实上，相比于私募基金，演唱会 P2P 产品数量更多，有演出商介绍说，目前国内已有专门做演唱会 P2P 的互联网平台，“几乎已经达到 20 亿的规模，产品几乎都是秒杀”。“每个城市都有 P2P 参与演唱会。私募还是 100 万起，P2P 是三万五万都行，那个才是散户化”，有演出商说。

对于粉丝和投资者而言，如何来辨别演唱会理财产品的风险是高还是低？

Soul 表示，其实有关理财产品，可以分为固定收益和浮动收益，从这个维度而言固定收益的理财产品的风险就远小于浮动收益的理财产品。对于 Soul 来说，浮动收益产品因为没有明确标注预期收益，他不太愿意向客户推荐。

此外，银行理财和信托产品都属于固定收益，虽然信托产品不允许承诺刚性兑付，但是实际上信托产品都是刚性兑付的，所以信托产品被理财师归为固定收益的范畴。而浮动收益的理财产品，像私募产品、定增类产品等都因为风险不可控，所以都是浮动收益，甚至会血本无归，风险比较高。

对于演唱会的理财产品，除了要看理财产品属于固定收益还是浮动收益之外，理财产品的发行方也很重要。据了解，目前信托产品的大的发行平台主要有三家：中融信托、中信信托和平安信托，大的发行方风险控制相对完善。

Anne 操作过多次的演唱会投资，并设计过多个演唱会的理财产品，在她看来，演唱会的理财产品确实要比其他产品难甄别一些。音乐会的理财产品的风险高低最重要的还是要看项目来源，运作成本和操盘团队，然而这些对于一般的投资者而言是很难获取的，所以对于普通投资者而言演唱会理财产品还是有一定门槛。

回到开头的问题，张学友演唱会的理财产品，到底值得投资吗？

SOUL 笑笑说：“有一个地产项目的信托给您推荐一下，都约爆了，这个比演唱会靠谱！”

第二章

企业沉浮

风起云涌一直是市场常态，滴滴并购uber，58并购赶集，优酷并购土豆……站在旁观者的角度，任何一家企业的辉煌或者陨落都是互联网公司竞争史中的沧海一粟。

01

熊猫直播破产背后的秘密：内斗、“佛系”、不作为

“我来要几个熊猫直播的周边，回家放在架子上，老了之后回忆起来，老娘当年在熊猫混的也可以。”女主播沈子涵这次的直播有点特殊，她在路上边走边播，她要去的地方正是熊猫直播位于望京的办公室。

她知道，熊猫直播快不行了，她决定以这种方式陪直播间的观众度过最后一天。

不止沈子涵，熊猫申请破产清算的消息早就传到了熊猫员工耳中。据悉，有些员工已经在家休息多日了。

熊猫直播的落幕并不令人意外，早在2018年，娱乐资本论便报道过熊猫资金链疑似断裂的新闻。只是当这件事真正发生时，还是会让人产生伤仲永的情绪。

熊猫直播的失败像极了一个备受期待的优等生走向深渊的故事。

熊猫倒塌

2019年3月初，关于熊猫直播这个月就会申请破产清算的消息铺天

盖地，其中一张网传截图十分夸张：熊猫直播工作群里 HR 表示，已经帮大家安排了头条、快手、花椒、映客的需求，员工可以把简历发给各部门 leader 同步。

娱乐资本论矩阵号预言家游报通过熊猫员工、熊猫主播、MCN 机构等多方渠道，确认了熊猫直播申请破产清算的消息。

一位熊猫直播技术部员工阿布对预言家说："现在我们需求已经停了，没人干活了，坐等破产。3 天前就收到消息称这个月工资不一定发了，所以大家都开始找下家了。"

在熊猫直播做了 3 年的直播运营波比表示，公司安排的面试不靠谱，毕竟这么多人呢，还是自己找比较好。

"熊猫直播还是很人性的，即使没有赔偿，没有年终奖，我也没有太多愤怒的情绪。待了三年，全是不舍。"波比说。

同样做了 3 年熊猫主播的沈子涵也有同样的情绪，"虽然自己也没拿到工资，而且补偿无望，但我希望大家不要闹事，心态好一点。我来望京也不是讨薪的，首先没人可以让我讨薪，这个时候还落井下石确实没什么意义，没钱就是没钱还能怎么办。"

能看得出来，她对熊猫直播的感情很复杂，怒其不争，哀其不幸。

与部门人员不同，主播们确实几个月没拿到工资了，原因很简单，没钱。

上一次熊猫有钱的时候，还是 2018 年底的星光盛典的主播《PK 王争霸赛》，波比对预言家游报表示："去年年度盛典赚的钱全部用来填坑了，填完之后真没钱了，现在礼物钱都发不出来了"。

另有业内消息透露，熊猫 TV 副总裁庄明浩一周前已经离职，"现在已经看不到庄明浩的人了。"

高管离职，主播欠薪，员工被通知工资无望寻找下家之后，熊猫 TV 把原本在浙江金华的一个短视频部门也解散了。

与 2018 年情况不同。那时深陷资金链危机的熊猫副总裁张菊元还宣称即将从巨头拿到融资，估值超 50 亿元。同时，公司 2018 年底还将启动上市。

这一次，熊猫 TV 似乎真的走向了结局。

懒惰的熊猫

2017 年 9 月到 2018 年 2 月期间，熊猫直播的 DAU 均值为 272 万人。到了 2018 年 12 月，斗鱼虎牙从 600 万和 400 万双双提升到 700 万，熊猫的 DAU 却缩水到 230 万。

在直播平台这个发展迅猛的行业，找不到增长数据的方法的熊猫直播只能逐渐掉队。

复盘熊猫的死亡似乎太过残忍，这个问题，入职 3 年的员工波比并不愿意回答。他在朋友圈晒出了与王思聪的合影，表示就此正式退出“潘达踢威”。

从很多角度看，熊猫直播对员工的要求都堪称佛系，正是这种佛系导致了熊猫的衰败。

一方面，直播管理和运营人员佛系，任由主播划水刷量。熊猫不缺大主播，但自诩“校长员工”的熊猫运营们对主播运营这件事似乎并不上心。

主播阿超说：“熊猫的主播是所有直播平台里最舒服的。我们平时就播 4–5 个小时，人气掉了也不管。等到月底疯狂补时长，然后拿全额薪水，甚至直播间标题就叫‘划水补时长’。在其他平台如果你表现不好，CEO 甚至会直接点你的名。”

而熊猫的部分主播不仅会划水甚至还给自己刷量。

“有些主播会自己在活动中刷量，刷 100 万礼物的成本才 20 万。S 级主播可以拿到税前流水 80% 的底薪，然后跟刷量的‘大哥’返现 60 到 70 个点，至少不亏吧，还拿了比赛和排面。同时给人虚假繁荣的假象。”阿超如是说。

一位直播业内人士认为，主播生态其实是直播平台、MCN与主播三方的管理和运营体系，考验人情，是很细致的工作。“有些生态比较好的直播平台，他们的主播就住在公司附近，经常与超管和MCN一起吃饭，关系十分融洽。”

熊猫超管和主播的佛系，也使得熊猫的内容失去价值。

阿超说：“看熊猫的水友基本‘白嫖’居多，其实这在哪个平台都一样，但是100个真人里面20个刷，和10000个真人里面200个刷，高下立见。”

曾与熊猫直播有过合作的游戏厂商员工F称，熊猫员工颇为自负，似乎“校长员工”是个增强骄傲值的光环。他们似乎觉得校长的名字足够有力量，是最强的推广方案，多余的PR在校长名字面前毫无意义。

这样做的结果就是，外人总觉得熊猫不懂如何倾斜资源培养出大主播。当然，更多的信息将矛头直指熊猫管理层。

主播阿超坦言，熊猫本身管理混乱，“一个事走程序少则半个月，多则一两月，还不定有结果。”网上也流传着一个不知真假的版本，360团队把王思聪团队架空，除了内斗什么都没做。

可以肯定的是，熊猫内部管理也出现问题，就像多米诺骨牌一样。导致熊猫超管流失“有本事的都走了，剩下的就是混日子”，进而对熊猫的主播日常管理和运营也造成影响。

从行业角度看，直播平台本身的用户需求就不高，但却十分烧钱。某种意义上，直播平台的竞争也是看谁烧的狠。而熊猫上一次融资还是在2017年。

阿超表示，“王思聪借了两次钱之后就不愿借了，这也让熊猫直播难以立足。”

谁来对抗腾讯？

2018年就有人说，斗鱼和虎牙相继收到腾讯投资的那一刻起，整个直播行业就开始洗牌倒计时了。伴随着熊猫、全民的相继落幕，直播行业上半场已临近终局。遗憾的是，斗鱼虎牙熬过了百团大战，斗过了全民熊猫，笑到最后的却是腾讯。

全民直播关服的时候，便有直播平台员工对那时候的直播行业做了总结：“直播还是一个烧钱的行业，这点这么多年来一直没有变。不同的是，斗鱼、虎牙的钱源源不断，我们却撑不住了。在主播争夺上，我们这些平台已经没办法和这两家竞争了。越是这样，我们越融不到钱。没有大主播就没法扭亏为盈，辛苦培养的主播，成熟以后不是被其他平台挖走，就是主动转会。我们没有任何办法。”

直播平台烧钱的本质没有改变，主播即内容，内容即流量，流量即变现的商业逻辑也没有改变。斗鱼、虎牙拥有的优势早已无法逆转，早期的资本优势将逐渐转化为主播质量与数量上的优势。

战旗、熊猫、全民无法翻身已是既定的事实，但这不代表着腾讯在直播行业高枕无忧。头条系与腾讯的战场早就蔓延到了直播行业。不止西瓜视频，快手、抖音、陌陌等平台也在尝试涉足游戏直播领域。新的玩家已经入场，腾讯不会视而不见。

2019年2月，腾讯力压头条一头，广州知识产权法院裁定，自2019年1月31日起，与“西瓜视频”App相关联的运城市阳光文化传媒有限公司、今日头条有限公司、北京字节跳动科技有限公司三家公司立即停止直播《王者荣耀》游戏内容。随后，腾讯联合几大直播平台发布12条直播行为规范，对主播违约跳槽、直播开挂、宣传色情赌博信息、发布虚假消息、代练等行为明令禁止。

有业内人士戏称，“以前做电竞、游戏绕不开腾讯，现在直播也逃不开了。”要知道，在网易手游《第五人格》最火的那段时间，斗鱼虎牙迫于压力，曾暂停过这款游戏的直播。你很难说清楚，腾讯掌控下的直播行业，究竟是不是变得更好了。

“2019.03.06，仿佛又化身熊猫的PR，这一下午的媒体轰炸……生与死，都轰轰烈烈！3年多前，2015年9月，初创期，只有零星几个人的办公室，大家还记得自己坐哪里吗？！尚未成型的logo，坐最后面永远在加班的美术大神；东辛店，城中村的租房日子，每天回望繁华的望京，仿佛两个世界，魔幻啊~那时的新闻是刚上线服务器被挤爆~”一位离职熊猫员工在朋友圈发出这样一段话，配图是几张熊猫直播的照片。

上线伊始，在王思聪的带领下，熊猫曾被视为直播行业的新势力。如今故事落幕，下一个能对抗腾讯的玩家又在哪里呢？

02

谁“杀”死了格瓦拉?

“为什么格瓦拉会变得这么看重钱?”

2016年,在格瓦拉被微影收购还不满一年的时候,一位员工离职前,写下了这样一封公开信。在信中,他抨击微影入驻之后,格瓦拉的风气变得庸俗、计较、不近人情,“历数了门禁、值班、会议室等制度越来越严,惩罚措施越来越多。在合作电影的选择上,越来越看重票房而不是口碑,之前有过合作的艺术展也少了。”

不适应的,并不止上述那一位员工。黄鹤,一位仍留在微影的员工,有时候也会忍不住和新同事说一些陈年八卦:“当时有事要找勇哥了,真的推开门就能进去。”

那些老格瓦拉人口中的勇哥,就是创始人刘勇。2008年,他带着联席CEO张学静,以自己的偶像切·格瓦拉为名,建立了这个在线购票选座网站。可能当年的他也没想到,自己公司的命运,会像自己的偶像一样充满悲情。

根据娱乐资本论了解,刘勇、张学静,以及一众高层在收购半年后就已陆续离职。

风起云涌一直是市场常态,滴滴并购uber,58并购赶集,优酷并购土豆……站在旁观者的角度，格瓦拉的“陨落”无非又是互联网公司竞争史中的沧海一粟。但作为前格瓦拉员工，他们的心态远比我们看到的要波澜起伏。

“如果当时没有做票补，或许还能活的更久一些”“如果选了百度，兴许我们就不用辞职”“再面对猫眼，我也恨不起来了。”

在格瓦拉老员工的口中，我听到了后悔，但更多是宿命般的叹息。有人惋惜高层没有理解中国互联网的打法和逻辑，在一个缺乏垄断法的国度和领域，应当早点抱 BAT 的大腿；也有人后悔不应该在电影业务还未一统江山的情况下，就把钱花在了其他业务线条上；更多人总结，格瓦拉由于在情怀和商业化之间把握失衡，才导致最后的结局。

失败者就注定要被遗忘么?

事实上，恰恰是那些商业史中的机遇与遗憾，造就了一个又一个传奇。

黄金时代

直到离职后，金天还会想起格瓦拉最早一批的种子用户。

有趣有爱，是这个热爱话剧的男孩常挂在嘴边的词。他朋友圈有一对格瓦拉用户，都是狂热的电影爱好者，连婚都是在电影院里结的。还有一个用户，从《阿凡达》时期就认识了金天，“劫富济贫、心怀影迷”，当这样一幅锦旗送到格瓦拉办公室的时候，所有人都笑了。

“劫富济贫”在格瓦拉早期影迷中是个经典的梗。2010 年 3D 版《阿凡达》上映，整个上海只有和平影都影城拥有宝贵的一块 IMAX 巨幕。当时和平影都和格瓦拉的系统虽然还没有对接，但预料到 IMAX 版《阿凡达》会火的格瓦拉，提早一个月就买入了 2000 多张票。负责运营的金天发现，这些票根本不够，一放在网站上，系统就被抢票的观众折腾瘫痪了。

线下派票也是困难重重。格瓦拉原本在影院里竖起了易拉宝，但随着黄牛票炒到了一张三四千的价格，早上 6 点就守在和平影都门外的人也无法买到票，此时任何售票地点都有可能遭到观众和黄牛哄抢。

“白天给用户打电话协调座位，晚上去影城派票。当时格瓦拉一共 20 个人，大老板二老板（刘勇和张学静）都去和平影都亲自派票。”亲历这场观影热潮的老刘告诉娱乐资本论，那些天他们仿佛打游击，影院周围的星巴克、肯德基、永和大王都待过，就怕被观众和黄牛哄抢。

这一战之后，格瓦拉的口碑算是起来了，原本质疑格瓦拉是骗子的用户也都当起了“自来水”。后台选座系统开通半年后，接入的影院增长了 50 家，平安银行、招商银行、中国移动等大客户也纷纷找上门来。

真正将格瓦拉烙印在文艺青年心中的事件，则是那年六月的上海电影节。

第一次参与电影节售票的格瓦拉，当时只跟组委会签了一个 100 万的保底合同。按以往的预计，这些钱也就 2 万来张票，本不是问题。

然而正式售票前一周，格瓦拉团队才知道，组委会给的票并不是连接自影院后台的，而是组委会圈定并打印好的，“最重要的票源出了问题。”他们决定自己送票，但开票当天因为人流太多，服务器瘫痪也导致很多用户不满。离电影节开幕还有 5 天时，2 万张票快递派送又遭遇了特大台风暴雨。

困难接踵而至，只能迎难而上。金天回忆，那段时间所有人都当起了客服和人肉快递，来自天南海北的普通话弥漫在写字楼里，“其他公司的人都以为我们是传销。”大家像打了鸡血一般，对他们来说，这仿佛不是工作而是伟大的事业。

拿下上影节后，可以说每次电影节都成了格瓦拉的“双 11”。

他们采取针对有特色的艺术电影展、话剧展提供无偿补贴的策略，甚至放在格瓦拉网站最显耀的位置宣传，“我觉得用户会喜欢，我就放，否则就不放，从来都不会说为了赚钱才放。”金天情怀满满。

文艺电影节虽不赚钱，但却为格瓦拉逐渐培养起了调性。加之初做活动时，都是从上海的陆家嘴、徐家汇、人民广场等高端地段切入，甚至在《变形金刚》上映的时候，还用超跑去观众家门口接去影院看电影。

一系列的人性化优质服务，让格瓦拉从当年诸多团购和票务网站中脱颖而出。

危机边缘

2011 年是电影团购网站争霸的一年，在线购票市场仍属蓝海。此时的格瓦拉迅速扩张，国内市场占有率一度达到 20% 以上，上海市场占有率甚至超过 80%，在浙江杭州、江苏南京等城市建立了 14 个分站。

2010–2011 年，急需转型的盛大发现了格瓦拉，并坚定跟了两轮投资。“勇哥每次从盛大回来，都特别高兴，因为盛大认为格瓦拉是自己投的最优秀案例之一。”黄鹤想起当年的情形，仍历历在目。

然而如今回望这段历程，真是成也盛大败也盛大。

格瓦拉占领华东地区后，计划在北方和西部市场铺设渠道，而在最重要的北京，格瓦拉遇到了签有独家院线系统协议的网票网。网票网是盛大投资的另一个项目，竞争上有所掣肘。

另一方面，盛大希望当时电影业务尚不成熟的格瓦拉，去拓展体育场馆售票、演出票等业务。结果格瓦拉跟建行签了一年合作期，做 9 块钱进羽毛球场馆的活动，一年下来亏了 1000 多万。格瓦拉大概有半年多时间资金链吃紧，只能大幅裁员了 20% 的人，开始业务收缩。

这让老刘十分后悔，“当时我们内部对投资羽毛球这个项目是有点意见的，但盛大那边还是很坚持，而且承诺会对接一些资源过来。”

在这个窗口期，猫眼（即美团）和微影（即微影、娱票儿）等日后的在线购票平台，通过低价团购的方式杀入电影票务市场。一时盛传，猫眼的地推团队在向外BD时，说“我们就是要做格瓦拉那样的”。

当时格瓦拉并没有太在意，也没有什么应对措施。在格瓦拉高层看来，自己是在线选座，跟烧钱做低价团购并不是一个路子，没有造成太大的用户流失。

当时刘勇和媒体谈了一波“融资4亿和美团死磕”的稿子，但对于金天这一层次的员工而言，接收到的信息还是“踏踏实实做用户，不要对着烧”。

大概在2014年年底的时候，一些区域的影院经理私下告诉老刘，猫眼的数据已经超过格瓦拉。格瓦拉其他员工也开始感受到猫眼市场占有率的迅猛，“格瓦拉是按照大城市走的，小城市没有覆盖，所以上海市场、武汉市场我们都赢了，但全国很多三四线小城市，我们完全没有感觉，只是知道他大概很高，会高到什么地步，我们不清楚。”

在这段被内部视为市场探索期的日子里，猫眼已经开拓将近200多个城市。

惊天大逆转

第一次让格拉瓦意识到票补的核震慑力的，就是《心花路放》。

猫眼拿到了《心花路放》的联合发行后，直接用千万元级别的票补将片源垄断了，并跟影院签订协议，不允许卖给格瓦拉等第三方。最终，《心花路放》攀至11.7亿。

“我们当时公司全体上下对猫眼非常忌惮，没有见过这么狠心的对手。”猫眼最出名，也最狼性的当属其地推团队，而每当美团地推团队被曝光一些斗殴或负面事件后，金天总要发到同事小群里，并留下意味深长的表情。

当时格瓦拉员工了解，猫眼还会按照这种模式继续做下去，在市场占有率快速下滑的情况下，格瓦拉不得不打肉搏战，跟进票补。

后来的贺岁档，为了避免无票可卖的压力，格瓦拉狠心将《一步之遥》全国的 IMAX 厅全都签下来。票源相对少一些，相对贵一些，但起码总比没有好。“如果我们不锁，微影去锁了，那更完了。”

对于这个战略，刘勇还是很乐观，“当时确定有很多投资方在接触，应该没问题。”

这次冒险成为格瓦拉历史上的转折点。《一步之遥》遭遇口碑滑铁卢，亏损可想而知。再加上格瓦拉在市场占有率上被某个数据方写成了只有3%，让刘勇非常着急。格瓦拉陆续投入 6000 万，从 2015 年春节档一直烧到五一档，这笔钱大概撒在了《狼图腾》《复联 2》《闯入者》《念念》等电影上。

现在回头看这些片单也会发现，除了《复联 2》，其余几部电影的风格和观影人群过度一致，很难为格瓦拉起到拉新的效果。

反观猫眼、微票、糯米的票补清单，《捉妖记》《煎饼侠》《港囧》等，都是能深入三四线城市的话题之作，而每一部大致都补 5000 万上下。

5000 万，对于 BAT 这样的公司来说也不算什么，但对捉襟见肘的格瓦拉而言，无异于灭顶之灾。一些高层至今也在不断反思，“如果说我们退出票补大战，没准反而能存活下来。”

就算要打，格瓦拉也并不是没有机会，早在 2014 年的时候，百度和阿里都曾经跟格瓦拉谈过投资和控股，但最后因价格等各方面问题都没有谈拢。在老刘看来，刘勇明显很犹豫：“勇哥可能有自己想上市的想法。”刘勇还明确告诉骨干们，公司不会在 BAT 之间站队。在刘勇看来，当时还在 PC 时代，并没有到移动互联网时代，公司一旦站队，其他两家的资源就没有了。也正是这种理念，让格拉瓦失去傍大腿的最佳机会。

2015 年一年，三大巨头也都培养起了自己的“亲儿子”，加上美团一起一共烧了 30–50 亿票房。在这种级别的大战中，再扶持格瓦拉的可能性不大。

格瓦拉坚持了半年多，也跟不少势力雄厚的大买家接触，却在2015年6月遇到了股灾，某些承诺的基金最终没有到位。这个过程中也有很多小道消息传出来，快鹿集团的董事长施建祥还派了杨子去谈收购。最后自然没有谈拢。因为高层也觉得，这家公司并不靠谱。

杀出个黎明

最没有想到的一幕发生了，2015年12月16日，格瓦拉宣布与微影合并。

其实这些蛛丝马迹早就应该看出，微影的市场部门一早在准备发布会和后续的专访，微影负责人也一直很开心的准备。倒是格瓦拉这边，刘勇和张学静都没有将合并通稿发至朋友圈。

其实在2015年11月初的时候，刘勇仍在给全体员工发邮件，邮件中承认格瓦拉所处艰难困境，但依然鼓励大家，创业是一件充满梦想和激情的事情。

还有员工没有明白过来。“我以为合并就是两家资源共享，相互合作，后来才知道公司被卖掉了。”回过味的时候，大家都很吃惊，“第一个反应就是那我们怎么办？如果说是博纳收购我们，那我们知道还是干我们的活儿，但被同行给并掉了，那必然是走人了。”

黄鹤回忆：“我们那个时候都有点蒙，感觉说，输谁也不会输给微影吧？”另一位员工表示，如果是被财大气粗的淘票票，或者被猫眼收购都会好过一些。“猫眼数据确实牛，虽然有业务摩擦，但我们是公平竞争，这个对手很值得尊重。”

让他们比较憋屈的还有两家的估值，格瓦拉毫无疑问地被压价压得非常狠。用核心员工老刘的话就是贱卖。“心里真的是憋屈极了。跟几个高层一起出去喝酒，大家谁都不说话，一直喝闷酒。”

在并购之后双方公司股东交叉持股中也可以看出格瓦拉在当时所处的被动地位。交叉持股之后，格瓦拉原有股东刘勇并未出现在微影时代的自然人股东名单中。根据知情人士透露，他的股份被安排在了微影时代的员工持股平台“梦想骑士”中。但查阅这家公司的工商资料，娱乐资本论发现，仅有的两位股东，都是微影时代的高管。

据娱乐资本论了解，两家真正洽谈的时间只有 1 个月。因为格瓦拉的资金链已经相当紧张。当时，谈好的是双品牌先独立运营。双方通过部分现金和换股的方式完成交易。

也不知道是不是巧合，就在合并的第二天，被誉为“格小拉（格瓦拉的吉祥物）之父”的设计师同事因意外去世，当天“格小拉”被调成了黑白，几乎所有的员工都在转发祈福的文章。金天也不例外：“大家都有一股悲愤，想哭出来。”

一次别离

格瓦拉，微影，如期按着双品牌运营的计划行进着。但团队和文化的融合，正如互联网界的诸多案例一样，进行得并不顺利。

在金天看来，员工的抱怨更多的是集中在公司价值判断上，“勇哥就说只接 4A 公司，或者像 OLAY、雅诗兰黛等大品牌的单子。最火的时候很多网络游戏广告来找我们，比如林子聪、天下屠龙什么的，但我们从来都不接。”现在，领导层下达的任务可能更多的是想着如何做票房、如何卖广告，“有时候觉得挺没意思的。”

另外在页面上的小小变化是，格瓦拉以前打开的页面是 100% 的电影，现在已经换成了上半部分是电影，下半部分是演出，还有一些商城。在不少老员工们看来，这已经违背了之前“爱电影和懂电影的人都在格瓦拉”的理念。

在老刘看来，微影时代是大公司，管理相对粗放而刻板，而格瓦拉则更追求情怀和人性化。

但有时候，老刘也会觉得作为一家大公司，上班打卡、追求营收是很正常的一件事情，而被收购，更是在巨头大战中夹缝求生的必然："财务跟我们说过一句话，格瓦拉创业 7 年，并购时整个公司资产评估下来特别特别低。"

说起这一年的人事变动，似乎许多老格瓦拉人都提到了一个词，混乱。

老刘曾经目睹过一幕，让他觉得十分震惊："有一人拿十张卡去组团打卡的，然后大家都借着工作的名义跑出去看片，办公室里早已没有那种人头攒动的时候了。"

有时候，他们也会想起一年多前，就在同一个位置上，还有同事自愿加班做电影混剪视频。

在接受采访时，格瓦拉原有高层只剩下一位 VP，原有的业务人员则已不到 1/10。

从 2008 年公司成立到 2015 年底被微影时代并购，格瓦拉见证了中国电影高速发展的黄金 8 年。作为国内最早一批在线购票网站，它收割着巨大的市场红利，同时也为培育市场付出了代价。

应受访者要求，黄鹤、金天、老刘均为化名。

03

影视制作＋艺人经纪：“熊掌与鱼不可兼得”？

当初，正午阳光和王凯合资成立了“得舍影视”，走向新型经纪形态，后来，正午阳光正式宣布取消艺人经纪业务。

“有舍才有得？”曾有一位经纪人看了这个名字后，反复揣摩起来。

舍掉的是什么？当然是正午阳光宣布取消的艺人经纪业务。得的又是什么？侯鸿亮们为明星成立子公司，共同投资影视项目，分享收益，未来如果正午上市，这些子公司还有高价收入母体的可能。

还有一种“得”，是更少的利益冲撞、更少的文化冲突，也是更少的劳心劳力。

不过，在这个崇尚全产业链布局的时代，在这个有着嘉行、悦凯、喜天等将“影视制作＋艺人经纪”作为卖点的市场环境中，正午阳光直接取消了艺人经纪，真的是“壮士断腕”。

但从唐人解约风波不断，到欢瑞连失核心艺人，再到正午阳光取消艺人经纪业务，看来想要在“影视制作＋艺人经纪”中取得平衡，并不是易事。

这主要是基于“影视制作＋艺人经纪”的天然矛盾，影视制作需要压缩片酬和成本、艺人经纪则要获利。像当年靳东拍《外科风云》片酬是

3000 万，但转头接《恋爱先生》就是 8000 万的片酬。

正午阳光签约艺人一览

整理by@明星资本论官博（微信id：mingxingzibenlun）

序号	艺人	代表作品	序号	艺人	代表作品
1	靳东	《琅琊榜》 《伪装者》 《欢乐颂》 《我的前半生》 《外科风云》 ……	2	王凯	《琅琊榜》 《伪装者》 《欢乐颂》 《如果蜗牛有爱情》 《嫌疑人X的献身》 ……
3	乔欣	《琅琊榜》 《青狐传说》 《欢乐颂》 《琅琊榜之风起长林》 ……	4	刘敏涛	《琅琊榜》 《伪装者》 《因为遇见你》 《魔权▪奕天下》 ……
5	刘亦君	《父母爱情》 《北平无战事》 《伪装者》 《琅琊榜》 《外科风云》 ……	6	张陆	《父母爱情》 《北平无战事》 《欢乐颂》 《如果蜗牛有爱情》 《少年芭比伦》 ……
7	吴昊宸	《欢乐颂》 《琅琊榜之风起长林》 ……	8	张晓谦	《琅琊榜》 《欢乐颂》 《如果蜗牛有爱情》 《柒个我》 ……
9	张琰琰	《琅琊榜》 《伪装者》 《如果蜗牛有爱情》 《我的前半生》 ……	10	孙梦佳	《琅琊榜》 《伪装者》 《他来了请闭眼》 ……
11	郭晓然	《琅琊榜》 《欢乐颂》 《他来了请闭眼》 《重耳传》 ……	12	金泽灏	《龙门镖局》 《欢乐颂2》 ……
13	朱梦瑶	《琅琊榜》 《欢乐颂》 《约会恋爱究竟是什么》 《外科风云》 ……	14	赵达	《神犬奇兵》 《黎明前的抉择》 《鬼吹灯之精绝古城》 ……
15	邵伟桐	《外科风云》 ……	16	岳旸	《琅琊榜》 《欢乐颂》 《如果蜗牛有爱情》 《柒个我》 ……
17	匡牧野	《北平无战事》 《琅琊榜》 《鬼吹灯之精绝古城》 ……			

随着明星在影视制作中的选择权增大，无论是艺人经纪公司还是影视公司，都需要用各种各样的方式，去赢得明星的“青睐”。总之，不要高估了人性对利益的崇拜，也不要低估资本对人情的洞察。

取消艺人经纪业务早有打算

据娱乐资本论了解，正午阳光旗下近20位艺人，都已经各奔前程，基本找到了归宿，有的开了自己的工作室，有的则选择加入其他公司，正午阳光旗下的东阳得闲艺人经纪有限公司，或许将成为历史。

可以确定的是，正午阳光取消艺人经纪业务绝非临时起意。

得闲艺人经纪的官方微博，自2017年8月4日起，就再也没有更新过。

“其实艺人经纪部门早就解散了，只是现在才公开，还炒了几个经纪人。”有知情人士这样告诉娱乐资本论。

其中在《外科风云》中饰演扬帆的刘奕君，也已经成立了自己的工作室，于2017年8月30日发布了第一条微博。要知道，刘奕君可是与正午阳光捆绑颇紧，从《父母爱情》到《琅琊榜》，再到《他来了请闭眼》《外科风云》等，他从未缺席。

像刘奕君这样，与正午阳光有稳定联系的艺人不少。而这样的经纪业务能够给影视制作部分带来极大的便利，无论是在选角还是演员配合度上都有所助力。

而这些艺人即便是已经与正午阳光解约，也都纷纷转发业务调整公告，心怀感恩。王凯说“明白也理解您让我们出去闯荡的心，而家永远是家！”，刘敏涛说“祝好”，在《欢乐颂》饰演王柏川的张陆说“感恩与之同行……”，乔欣直接写了几百字向正午表白。

时间再往回拨两个月，2017年6月份，侯鸿亮在接受媒体采访时提到，艺人经纪不是正午阳光的长项，对于是否坚持有些迷茫。而走遍了美国好莱坞的影视剧公司以后，侯鸿亮决定坚持只做内容，未来会将经纪业务逐渐剥离。

“在木桶理论中，最短的木桶决定公司的形态，但我觉得长板才决定一家公司在市场的位置。我们的长板就是内容，正午阳光所有的一切都聚焦在内容上。”他当时这么说。

资本联结下，靳东王凯仍与正午阳光“藕断丝连”

那么正午阳光真的自此和一路牵手走来的王凯、靳东解绑了吗？或许不是。

就在正午阳光发出声明的当天下午，靳东发微博回应从未与正午阳光签订经纪合约。

王凯粉丝也在各个相关微博下留言称，王凯早已成立个人工作室，此次事件对他没有影响。

没有经纪约却能与核心艺人建立稳定合作，正午阳光靠的是资本联结，即与明星合资成立子公司。

正午阳光与靳东、刘涛、王凯成立的公司					
名称	成立时间	注册资本	法人代表	自然人股东	机构股东
浙江得空影视有限公司	2016 年 4 月 6 日	1000 万	侯鸿亮	靳东	正午阳光
锦麟影视（天津）有限公司	2016 年 2 月 3 日	1000 万	侯鸿亮	刘涛	正午阳光
得舍影视（天津）有限公司	2016 年 2 月 25 日	1000 万	侯鸿亮	王凯	正午阳光

2016 年正午阳光先与靳东、王凯分别成立浙江得空影视有限公司、得

舍影视(天津)有限公司,后又与王凯合资成立霍尔果斯得舍影视有限公司。而且，据之前娱乐资本论确认，合作中，一没对赌、二不签经纪约、三不强求明星只跟正午阳光合作，子公司反而是用来开展投资。这对于明星来说相当有诱惑力。

靳东主演的《外科风云》就有浙江得空影视参投，王凯主演的《英雄本色 4》也有霍尔果斯得舍影视参投。这种利益共同体显然比单纯的经纪约更加长久。

资本联结在之前主要有两种玩法，1.0 的玩法是给明星股权，引入“明星股东”；2.0 的玩法，是高价收购明星的空壳公司，并且要求业绩对赌；正午阳光的做法或许可以称为“3.0”，他们为明星成立子公司，共同投资影视项目，分享收益，未来如果母公司上市，这些子公司还有高价收入母体的可能。

虽然看上去这种方式并不能绑定艺人，但反而逐渐成为影视公司与明星合作的“新常态”，不为深度绑定，只为互惠互利，合作共赢。

其实，对于正午阳光来说，这就够了，只要能够掌握核心艺人，与之建立合作基础，其他的演员也都可以通过其选角团队（比如说和他们合作颇多的 CDHOME，据悉艺人赵达就已移籍该司）来完成。至此，正午阳光相当于在“影视制作 + 艺人经纪”找到了一个微妙的平衡点，而且是适合它的平衡点。

正午阳光会是孤例吗?

近两年来，相信大家能够强烈地感受到，99% 的经纪公司在做影视，99% 的影视公司在签艺人，连视频网站也开始加入“抢人队伍”，纷纷招募、签约艺人，以输送给内容创作。

事实上在好莱坞，法律要求，制作公司和经纪公司一定是分离的。因为制片人肯定希望演员越便宜越好，压越低越好。而经纪公司是争取片酬越高越好，公司提成也高嘛。

所以一般的公司，很难在两端有所兼顾，一定是某一端占比要远远高于另一端。

在接受娱乐资本论专访时，唐人影视总裁蔡艺侬就表示即使他们按照市场公允价格给到旗下艺人，但影视剧制作发行收入仍高达 90% 以上。而宣传不少“影视 + 经纪”概念的喜天和悦凯，据娱乐资本论从业内了解，2016 年则是艺人经纪收入要高于影视制作板块。

实际上，唯一在这一块平衡的好的大型影视公司，估计也就是嘉行传媒了。但嘉行传媒背后有杨幂这棵大树（既是最大艺人又是股东，其他两位股东则是杨幂经纪人出身），她本身个性中也兼顾了艺人和商人两面。

如果拿嘉行的情况套用其他家，明显是个孤例。如果真要类比，可能就是迈克·杰克逊与索尼合资创立的索尼 /ATV 音乐出版公司。

正午阳光此次直接砍掉艺人经纪业务，再一次证明兼顾艺人经纪与影视制作道路是很难的。

众所周知，正午阳光是一个“内容中心制”的公司，在正午阳光的项目里，演员是为了项目服务的，演员片酬绝对不能超过总投资的 1/3。比如，靳东和白百何演《外科风云》片酬分别是 3000 万和 3500 万，但靳东转头接了《恋爱先生》就是 8000 万的片酬。这是影视制作与艺人经纪的天然矛盾，而在正午这里，这个矛盾格外突出。

从另一个角度来看，正午阳光此举也算是对“以明星为议价标准”的不妥协。整个行业里，稍微有点流量和名气的明星片酬都能达到几千万，而正午的选择显然属于“异类”。

所以，在视频网站、影视公司都纷纷布局艺人经纪的时候，正午阳光主动选择砍掉了艺人经纪，可能既是主动选择，也是被逼无奈。

与众多经纪公司布局影视制作，以规范公司发展不同，正午阳光的竞争力不在艺人，而在于内容制作，且影视制作营收应该是远高于艺人经纪的。侯鸿亮就曾在接受采访时说过，正午阳光做艺人经纪其实是短板。再加上要做好近20个艺人的经纪工作，实在是太过耗费人力物力财力，直接取消艺人经纪业务，可能是一个及时止损、专注优势的选择。

“面对市场日益严苛的要求和观众越来越高的期待，我们意识到，需要把更多甚至全部精力投入到内容创作中，而正处于事业上升期的艺人们，也需要更加专业化的个人规划与长远的战略布局。因此，在多次内部讨论和深思熟虑后，我们决定做出双赢的改变。”

这是正午阳光的选择，希望也能变成对整个行业的提醒。

04

解码嘉行传媒

50亿，这是嘉行传媒2017年3月的最新投后估值。

这相当于什么呢？在新兴艺人经纪公司中，随意寻几个例子，喜天影视2016年初引入光线投资，估值8亿，现在或许走高不少；旗下有杨洋、宋茜、颖儿的悦凯娱乐2016年底估值8亿；唐人影视上市前估值13.18亿，之后一直未有动作；即便是老牌的影视公司山影估值也才40亿。

嘉行传媒凭什么呢？

另一方面，2017年3月2日晚，嘉行传媒发布股票发行方案，预计募集资金不超过2.75亿。还预告2016年度将实现营业收入3—3.2亿，实现归属挂牌公司股东的净利润为1.1–1.2亿，再加上2015年度的8000万，嘉行与其第二大股东尚世影业所签下的3.1亿对赌协议已经完成了61%–64%。

在这个时间点发起股票认购，是再合适不过，毕竟嘉行投资、承制的《三生三世十里桃花》刚刚于3月1日收官，网播量超过300亿，剧中主要角色从杨幂到男N号，都多为嘉行艺人，一时间嘉行风头无两。

股民效仿赵薇的“港股女神”头衔，为杨幂取名为“新三板女神”，但事实是，杨幂并不怎么参与公司资本和业务运营，主要都是她的合伙人一手操办。

大家都知道嘉行是艺人＋影视两条腿的模式，目前艺人和影视营收占比也基本为1∶1。娱乐资本论也专访了嘉行负责人曾嘉，据了解，嘉行对艺人按照发展程度划分为一线艺人、成熟艺人、上升期艺人、新人四个梯队，20名签约艺人各就各位。

四个不同的梯队，配合这个资深经纪人团队手上不同的剧集、角色资源，再施以不同的营销体系，一系列测评、培训、市场反馈的游戏闯关式流程，这会是嘉行估值50亿的秘密吗？

“老板杨幂”背后的几个女人

“老板杨幂”直到现在还是外界所津津乐道的标签，从入股欢瑞世纪，套现出走，再到成立嘉行、借壳上新三板，嘉行传媒一直以来备受关注的种种动作被不少媒体冠以“杨幂的商业之路”。但其实从嘉行的股权情况来看，杨幂占比7.27%，其两位合伙人（也是前经纪人）曾嘉、赵若尧持股更多，杨幂也甚少涉足公司资本和运营。

作为杨幂以及嘉行背后的操盘手，曾嘉2000年加入荣信达、师从李小婉，先后带过归亚蕾、陈坤和周迅，再看着周迅火遍大江南北。后面，周迅于2005年底解约去华谊发展后，曾嘉便接手了杨幂的经纪工作，杨幂荣信达合约到期后，便与曾嘉和赵若尧一起离开携手闯荡，直到现在。

作为公司合伙人之一的杨幂，一直是更多专注于自己的演艺工作，但在帮忙推公司新人的事情上可谓不遗余力。“杨幂更多的工作还是在她的专业上下心思，专注‘台前’，她是公司新人的核心榜样，而关于公司怎么运作经营这些‘幕后’，就是我和若尧等等几位合伙人来把控。”

曾嘉告诉娱乐资本论，嘉行自成立公司、完成工商注册，再到借壳西安同大上新三板，都是由李娟所一手操办。“我们对资本这块实在不太擅长，所以在2014年想要成立公司时，就请了当时在普华永道的李娟过来。”目前李娟作为公司的副总裁，主要负责资本方面的事务。

一直以来，粉丝们都会诟病艺人团队不专业、不作为，杨幂的粉丝也是。但在业内，嘉行的名声可谓是响当当，尤其是艺人宣传都受到同行的赞赏，会玩梗能营销。

坐在娱乐资本论面前的曾嘉和赵若尧确实看起来没有高管做派，幽默明朗，明明都是过三十的人了，仍然会开玩笑说自己“还是18岁的少女”。在嘉行，员工不用上下班打卡，也很少像传统公司一样开非常形式化的例会，除了工作以外，可能最烦的是被老板们催着谈恋爱。

面对负面声音或者粉丝质疑时，她们给人的感觉有点像“无为而治”，强大自己的内心，甚至顺势自黑。多年前，那时的杨幂身陷整容、演技差、捆绑炒作绯闻的争议中，曾嘉团队却给她接了天涯访谈的通告，直面铺天盖地的舆论。

结果恰恰是那次访谈中杨幂展现的耿直与段子手般的自我调侃，赢得了路人们的好感，成为杨幂的一个转折点，也造就了一波明星间的“自黑”风。

闯关式培训体系，嘉行系艺人的走红之路

2012年，杨幂工作室成立，从那时候起，她们开始有意识地储备IP、签约艺人。后来曾嘉、赵若尧与杨幂着手成立了嘉行传媒，确定了以艺人经纪为核心的三大主要业务板块，而杨幂工作室保留了它原有的结构在嘉行传媒旗下持续运营。《三生三世》中的“素锦”黄梦莹和“司命星君”王骁，最早在工作室成立前就签约了。而迪力热巴、张彬彬等人则是工作室成立后第一批签下的。

因此所有人都在说嘉行的艺人突然爆红，但其实嘉行系艺人早已蛰伏

三年有余。

2013年，杨幂首次担任制片人，与欢瑞世纪共同制作都市爱情剧《微时代》，为了选角，曾嘉等人跑遍了北电、上戏等各大艺术院校，迪丽热巴就是在那个时候被嘉行团队“一眼看上”了。

上戏的一位教授帮忙在学校里张贴了《微时代》海选演员的海报，迪丽热巴便是在那个时候与嘉行结了缘，当时她才大二，但已经于2011年主演了个人首部电视剧《阿娜尔罕》，饰演女主角“阿娜尔罕”。迪丽热巴就和同学一起在宿舍录制了简短的VCR介绍自己，发给曾嘉后，团队都觉得“这女孩不错，有辨识度”，两天后，迪丽热巴从上海来到北京试镜。

曾嘉和赵若尧说起第一次见到迪丽热巴时，“她黑色长发及腰，遮住了大半边脸，带着副蓝色的耳机，安安静静，活像个洋娃娃”，但试镜的时候迪丽热巴却爆发力很强，颇具灵气，让曾嘉印象深刻，所以经过和迪丽热巴和她的家人几次沟通之后，就一拍即合地把她签下了。

除了迪丽热巴，张云龙、张彬彬、高伟光、李溪芮也都是《微时代》时期签下的，制片人杨幂不放过任何推广他们的机会，带着新人登上《Easy》8月刊封面，上金鹰节红毯，他们也在后期成为嘉行艺人的中坚力量。

《三生三世十里桃花》应该算得上是嘉行这两三年来的一个里程碑。嘉行的投资制作收益不说，这部剧捧红了自家的一众艺人，素锦、玄女、司命、胭脂、大师兄叠风、十六师兄子阑一下子都火了，而杨幂和迪丽热巴、高伟光、张彬彬等更是受到品牌商热捧，连续接下不少代言。

要说嘉行挑选新人的逻辑，曾嘉认为很简单，**“三观正、人品好、有辨识度、对自己有专业要求”**。说起来简单，但做起来就难了，需要经历**“测评——培训——推向市场——进阶”**的严格甄选。

每年嘉行最多只签约2–3个新人，为此公司自建了一套选人的测评体系，宣传部门和经纪部门合作，从颜值、语言、表演、台词、形体、智商、情商等各个维度来打分。

此外，他们还会专门拿出一个下午跟新人聊家庭背景和成长轨迹，了解其内在品质，希望他们在人品、三观、心理状态上都没有问题。测评完后会根据每个人的优劣势，来进行艺人的定制培训，专业合格后再推向市场。

此外，**嘉行对内部艺人按照发展程度划分为一线艺人、成熟艺人、上升期艺人、新人四个梯队，各阶段都会有定制的路线规划。**当新人逐渐熟悉了这个行业进阶为上升期艺人后，再进行测评、培训、调整向市场推广的方式，就像游戏闯关一样。

大剧造星，嘉行的艺人进阶之路

在嘉行的造星产业链中，影视投资与制作，绝对占据着最重要的一环。

2015年，剧酷传播拿着《三生三世十里桃花》这个项目来找杨幂出演白浅，此时嘉行影视投资制作业务趋于成熟，在拿到10集剧本后确认了合作，嘉行也在确认合作后开始组建班底、搭配演员阵容。

杨幂“带人进组”其实只是外人看到的表象，嘉行实际上是在拿到承制后借助艺人储备，在筹备期快速锁定演员，实现角色与演员的互相成就。

但是，嘉行本身的艺人梯队划分，与以剧捧人的模式结合后，难免会出现资源倾斜，艺人内部关系如何协调也成为一件需要日常解决的难题。曾嘉就直言，“当经纪人与当CEO不一样的就是，从管一个艺人，到管所有艺人，和外部沟通，还要协调艺人内部的关系。”

艺人经纪公司布局影视业务的不在少数，娱乐资本论之前就梳理过部分，但明确以艺人经纪为核心，并让影视业务成就艺人经纪的还真没几个；能够持续以大剧来捧艺人，就更是凤毛麟角。

比如当初杨幂接演电视剧《宫》前，还有另一部电视剧找上门来，并且开出了高出一倍的片酬。但曾嘉团队反复权衡之后还是选择了《宫》，并说服杨幂出演，正是这部剧让其走向爆红。

部分艺人经纪公司概括			
艺人经纪公司	股东	代表艺人	部分项目
悦凯娱乐	阿里影业	杨洋	《武动乾坤》
	耀客传媒	宋茜	《独步天下》
		颖儿	《爱情的开关》等
喜天影视	复逸文化	吴秀波	《怪咖啡》
	光线传媒	张天爱	《我的朋友陈白露小姐》
	华策影视	张歆艺	《阿麦从军》等
鑫宝源	完美世界	孙红雷	《我的青春谁做主》
		王子文	《裸婚时代》
		姚笛	《奋斗》
			《极限挑战》
			《跨界歌王》等
千易时代	中南文化	刘烨	《厨子戏子痞子》
		王珞丹	《火线三兄弟》
		张鲁一	《北平无战事》
		黄轩	《女人帮》等
		郭晓东	
唐人影视	浙报传媒	胡歌	《仙剑奇侠传》系列
	华数传媒	刘诗诗	《女医明妃传》
		古力娜扎	《秦时明月》
		韩东君	《青丘狐传说》等
乐华文化	上海文投	韩庚	《致我们终将失去的青春》
			《前任攻略》
		UNIQ组合	《老男孩》
			《梦想合伙人》等
嘉行传媒	上海尚世影业	杨幂	《爱的翻译官》
		迪丽热巴	《三生三世十里桃花》
		张云龙	《我是征人》等
浙江星河文化（拾捌文化	北京文化	白百合	
		陈道明	
		郭京飞	
		集俊艳	

嘉行还会将艺人与影视高度融合，开发定制剧。曾嘉透露，《漂亮的李慧珍》就是公司专门为迪丽热巴、李溪芮、张彬彬定制的剧，创作过程中就根据艺人特质做了适合他们的改编。

《三生三世十里桃花》同样是专门为杨幂等多位艺人来选择的项目，“确定制作之前，我们除了评估项目本身之外，还会先考虑哪些角色适合哪些艺人。项目为艺人服务、艺人提升项目是我们在制作时不同于其他传统影视公司的标准”。

“比如演员确认后，编剧就会在保证角色本身性格特点的基础上，根据艺人自身特点，相应地调整角色细节。艺人演起来舒服，编剧写起来有代入感，角色与艺人气质相辅相成，效果不言而喻。”

2016年初《太子妃升职记》捧红盛一伦和于朦胧，《上瘾》红了黄景瑜、许魏洲后，网剧造星成为热点，此后《刺客列传》《识汝不识丁》都验证了其可行性。但除了有后续资源的艺人，这类剧造出来的星，往往只是实现了艺人在网剧领域的走红。如何让艺人扩大到新的领域，也成了一个探索性命题。

嘉行的定制剧捧人模式，则把基础定位于网台大剧，曾嘉、赵若尧和杨幂在娱乐圈十多年累积的资源，包括嘉行自身开发的项目，为旗下艺人提供了更多机会，他们的起点就比一般新人高。而且按曾嘉的说法，**“嘉行自己的剧，给演员的片酬和市场价一样。”**

同时，经纪公司经常面临把新人捧红，就被大公司迅速挖墙脚的现象，曾嘉认为这在嘉行也不易发生，因为有剧目资源在手，可以持续用大剧造星，从新人到成熟艺人，再到一线艺人的进阶就变得较为顺畅。

都说娱乐圈的创业者容易焦虑，但在嘉行传媒，这种焦虑似乎并不明显。曾嘉和赵若尧的办公室朝南，有一整排透明窗子，所以显得格外明亮，桌上摆着各种小零食，自制的咖啡，以及沙发上窝着两只惬意的喵星人。

第三章

爆款背后

“你看这些年被资本绑架的电影全死了。所以，我不能也这样。”在接受娱乐资本论采访时，吴京快人快语。

01

《流浪地球》经历过的三个“死亡”时刻

伴随着激动而来的，还有一种忐忑。拍《流浪地球》已经四年了。四年间，导演郭帆无数次觉得自己像个跑马拉松的人，一直在绷着往前跑，却始终看不到终点。每天收工后回到房间，他都会发呆十几分钟，完全放空。有时早上醒来，他都不想睁眼，只想逃避。

但回到片场，他又变成了那个一脸轻松、开着玩笑的导演。第一次执导重视效科幻片，预算多次超支，每天超负荷工作，身边怀疑的声音一直不断……郭帆激动于这次终于能实现科幻梦，却也无时无刻不陷入迷茫。中国真能拍好科幻片吗？没人心里有底。

没啥招儿，只能硬撑。作为整个项目的核心，他没有权利倒下。有时候，他会想起2014年去好莱坞交流学习的那周。那时同去的导演还有宁浩、路阳等人。郭帆惊叹于好莱坞工业化的制片流程，暗暗下定决心，一定要拍一部属于中国人的科幻片。

很巧，宁浩也准备拍科幻片。“你们准备拍个多大成本的科幻片？”一天，好莱坞的人问他俩。这一下把两人问傻了。

“你先说。”宁浩转过头看向郭帆。

“五千万？”郭帆试探着回答。

“我一个亿。”宁浩迅速跟进。

那时两人都奔着同一个目标，暗地里是较着劲的。一晃五年过去，2019 年的春节档，两人的科幻片都迎来了小考。最终，宁浩的《疯狂的外星人》票房超 22 亿，郭帆的《流浪地球》票房突破 46 亿。

当然，比起《疯狂的外星人》，《流浪地球》更像一部硬核科幻片。电影改编自刘慈欣的同名小说，讲述了太阳即将毁灭，人类试图带着地球一起逃离太阳系的故事。电影幕后，有梦想，有坚持，还有怀疑和“背叛”，遭遇了三个濒临“死亡”的关键时刻。某种程度上，它和电影故事形成了有趣的互文。

冒险召唤

故事要从 2013 年说起。那时，中影拿到了三部刘慈欣小说的版权，其中就有《流浪地球》。小说很有想象力，但是，谁来拍呢？几年来，中影接触了很多国外大导演，卡梅隆、阿方索、吕克・贝松……都无一例外遭到拒绝。

直到 2015 年 6 月，《流浪地球》这个项目到了郭帆手中。那时，他正在写一个原创的科幻剧本。从小就梦想拍科幻片的他，因为一部青春片《同桌的你》在业内小有名气。几百个青春题材的项目找来，他却兴趣索然。但当他把拍科幻电影的想法讲给对方时，对方也兴趣索然。经纪人李晶很着急，郭帆就劝她，“能不能一起再等等。”

已经两年没接戏的郭帆被《流浪地球》点燃了。用发动机把地球推出太阳系，带着地球去流浪，这个创意太棒了。那年夏天，他请来和自己认识十几年，北漂时一起合租的朋友龚格尔做制片人。两个科幻粉一拍即合，开始商量故事走向，构建世界观。

一直在研究好莱坞电影制片流程的郭帆清楚地知道，这类重视效电影的前期工作非常重要。特效和美术团队越早介入，剧本上的坑就越少。于是，他又拉来了拍《李献计历险记》时认识的视效总监丁燕来一起筹备。

“做电影”而不是“拍电影”，这是郭帆和很多国内导演不同的地方。很早以前，他曾和几名国内导演讨论过这个问题，坚持把所有创作放在前端，只在拍摄现场施工的他受到了很多批评。按照这种工作方式，现场突然迸发灵感怎么办？

只能枪毙灵感。对很多习惯了现场发挥的导演来说，这是难以想象的。但要拍这类重视效电影，这是必须要迈出的一步。郭帆的工作方式非常理性，但有时也有感性的一面。给《流浪地球》配乐的作曲家阿鲲告诉娱乐资本论，和他讨论配乐风格时，郭帆总是强调中国人对家的眷恋，这种饱含深情的讲述触发了他的作曲灵感。

终于，2016年1月，郭帆和龚格尔拿出了剧本大纲。光大纲就有2.5万字，而正常一部电影的剧本一般只有三四万字。整个筹备期，龚格尔和郭帆一共写了大概100万字的剧本，第一稿剧本大约7万字，每个人都起码写了十遍以上。

加班熬夜成了家常便饭。四年来，郭帆工作室的灯几乎每天是园区最后一个灭的。这是个遍布导演工作室的园区，隔壁是黄渤，楼下是路阳。郭帆一般一周只回一次家，后期阶段基本住在办公室。工作人员经常在凌晨三四点收到郭帆发的消息，什么世界观文件、概念设计图，微信“嘀嘀嘀”地响个不停。

在这种既没有合同也没有酬金的情况下，两人投入全部精力干了大半年。据腾讯贵圈报道，整个筹备期，郭帆垫资一百多万，龚格尔垫了几十万。《流浪地球》在2016年7月才正式立项，在此之前，可能稍有差池，这个项目就换人了，甚至难产。

对于青年导演，先干活再拿钱的现象在业内并不少见。没成果就没信任，没信任就没合约，没合约就没戏拍。所以只能在前期先尽量做，拿出的成果越多，就越能打动资方。在没有任何承诺的情况下 all in，与其说这是一种赌博，不如说是因为热爱。

投资方选择郭帆和龚格尔也是一场赌博。项目开始筹备时，《三体》电影版刚折，整个行业都对科幻片持怀疑态度。这类重视效电影的投资必然不低，把宝全押在两个没相关经验的新人身上，风险很大。

尽管片方已经尽可能把风险降低了。比如，一开始定的方向就是带科幻元素的冒险类型片，不搞鸿篇巨制，不做大场面灾难片。龚格尔写的第零稿剧本，就是个聚焦在一个地点、一件事的小范围剧本。要做世界观宏大的视效大片，没有足够的成本支撑，没有完善的制片流程支持，没有全体人员拼尽全力的投入，谁敢保证？提前规划，有如痴人说梦。

为了进一步降低风险，中影决定再找一家有分量的制片方，与创作团队制衡。一个项目要开拍，至少得有两家或者两家以上具备专业性和实力的公司加入。因为一家公司可能是偏执，两家公司才能互相印证。如果没有这样一家公司出现，项目可能就此停摆。

关键时刻，北京文化出现了。用郭帆的话来说，北京文化的董事长宋歌只用了不到十分钟的时间，就决定坚挺《流浪地球》的诞生。越来越多的人加入赌局，包括演员。

因为前景不明，《流浪地球》在筹备时很难找演员，吴孟达拿到剧本时，还以为是从好莱坞买的。李光洁和屈楚萧接到邀约时，起初也心怀疑虑，直到看到郭帆那一屋子的设计图，才决定加入。万事俱备，只欠开机。

2017 年 5 月 26 日，青岛，晴。《流浪地球》正式踏上冒险之旅。

跨越极限

“XXX 在不在？”“大力胶在哪儿？”拍完《流浪地球》已经一两周

了，第一副导演周易还是经常梦到片场。大部分导演组成员拍完后都有这种类似 PTSD 的症状，直到一两个月后才缓解。开拍前，大家自以为做了万全的准备，没想到“施工”时还是一片兵荒马乱。

每天都有各种各样的意外发生。有时是道具运过来，镜头推上去发现假得不行，没法拍；有时是眼看着要拍了，景还没布置好，大家都进进出出乱作一团。遇到这种情况，只能全组扑上去一起改。组里甚至流传着一句话，全员美术组。

为了提高效率，避免出现因为一个人耽误全组的情况，郭帆习惯拿着对讲机喊人：“周易，你还需要多长时间？”“五分钟。”“好，周易还有五分钟。”过了一会儿，又一声从广播里传来，“周易还有三分钟。”眼看着要超时了，郭帆开始全组“挂人”，“周易现在还有 30 秒，29，28……”

巨大的声音在棚里回响。每到此时，全组人都能看到一个人从远处飞奔而来，上气不接下气。时间长了，大家都记住了言出必行，千万不能因为自己一个人拖了全组后腿。

尽管如此，时间还是不够用。连续工作十几个小时是常态，剧组成员分组休息，导演几乎不休息，每天只睡两三个小时。演员 Mike 隋杀青的时候，电影人关雅荻发了条动态：我负责任说，只要科学训练，郭帆导演应该是个不错的超马越野跑选手，因为他们在高强度运动下，也经常每天只睡两三个小时。

最难熬的一次，剧组连拍了 37 个小时。每要求再来一条，就意味着全组又要多拍两个小时。外骨骼重达八十斤，演员穿在身上一做动作浑身都疼。饰演锤子的演员有次拍着拍着就累吐了，抱着桶吐了两回。制片主任李宝泉为了减轻演员的负担，发明了龙门架，演员休息的时候可以挂在上面，把衣服吊起来。虽然只能板板正正地坐着，但起码重量不在肩上。

除了主创成员，几乎每个组手下的人都换了三拨。每天都有人辞职，有说家里有事的，有说生病的，还有人说自己信佛了，佛不让他拍这部戏。一些群演来做了半天，吃了午饭后就溜了，连工钱都不要。

为什么要这样超负荷工作？自然是为了省钱。预算很紧，大家也没有太多经验，很怕一不小心就超支。尽管美术指导郜昂是从《三体》剧组过来的，龚格尔也在进组前向《三体》的制片主任请教了很多，但大家还是很忐忑。更重要的是，国内的剧组还不够工业化，很多时候都要靠人工补足，为了保证拍摄质量，只能加班加点拼命。

“背叛革命”的人占大多数，怀疑的声音也不时涌现，所幸主创们都没有动摇。一个灯光组的老师傅，有次抱怨自己老了，不像这帮年轻人能熬夜，提出辞职。没想到走了才两天，就又返回剧组，“不行，这事儿还得我来干。”

拍戏太苦，大家都学会了苦中作乐。在棚里忙进忙出的小伙子们，有次夜深了坐一起相互挤兑，“你是不是想让我陪你睡？”“我陪你睡，我陪你睡。”这时周易就坐在门口找助理要药。“这药可不能多吃啊！”助理说着，从包里掏出 20 粒速效救心丸。副导演一口灌下。

终于迎来了杀青之日。每个演员杀青时，大家都先是笑，说我们终于解放了，然后是失声痛哭，“经历了我们这剧组，还有什么过不去的？”

但对于导演来说，长跑仍在继续。开始做后期时，最让人担心的事情还是发生了——预算不够了！因为拍摄素材的精度太高，要想完美呈现每个细节，原定的特效预算肯定不够。

主创面临“二次创业”的艰难抉择。要不要追加制片成本？**如果此时“断粮”，《流浪地球》就很可能变成下一个《三体》电影版。**

开弓没有回头箭。项目跑到这个阶段，已经停不下来了。资方重回牌桌，开始了漫长的谈判。这期间有人拍桌子有人吵架，几方博弈下来大家都筋疲力尽。最后，北京文化追加了制片成本。最终的成本，比当初的预算翻了一番。

危机仍未度过。投资款到账需要时间，在等钱途中，剧组一度揭不开锅。为了不耽误电影进度，龚格尔卖了自己的车。其他人知道后，都急了，“这仨瓜俩枣的够干吗？”

试炼之路

在各种场合，郭帆都多次感谢吴京，说没有他就没有《流浪地球》。

确实如此。早在2016年10月，郭帆就曾邀请吴京饰演宇航员刘培强，但当时吴京并没有立即答应。因为这个角色一直找不到合适演员，和其他角色互动也不多，这条线就一直空着没拍。第二年暑期档，吴京因为《战狼2》的票房纪录迅速崛起，声望达到顶点。这时《流浪地球》即将迎来阶段性杀青，预算也开始捉襟见肘。

还是敲不到合适演员，怎么办？为了这个角色，主创找过一些一线演员，但最终都没成行。就在郭帆发愁的时候，吴京突然联系了他。

酒桌上，两人边喝边聊，把脸喝得红扑扑的，喝高了就开始说胡话，一本正经地聊起“纯粹”。一个说“不踏出第一步就永远没人做这件事”，一个说“看到你就想到了当初的我，牛！”，吴京激动地手舞足蹈，郭帆感动地热泪盈眶，两人抱在一起，喝了一瓶又一瓶。考虑到当时剧组的情况，吴京决定出演这个角色，并投资本片。

在《流浪地球》的首映礼上，吴京说起这段往事，也直呼是郭帆一顿酒把自己骗进组的，“当时郭帆邀请我客串，串着串着超支了，于是说那我就投资吧。拍着拍着发现不对啊，怎么客串串了31天，再拍又超支了。”

再次超支，没办法，郭帆厚着脸皮去问吴京，“京哥你能不能不收片酬？”当时本来合同都拟好了，就因为这次超支，吴京最终零片酬出演。

有了吴京的投资，被粉丝称为“小破球”的《流浪地球》终于能加一些大场面了，宣传上也有了噱头。事实上，很多人知道这部电影，就是因为那版“吴京版”片花。

2018 年 5 月 4 日，又是一个晴朗的日子，全组杀青。拍完最后一场戏，郭帆在通告单的空白处写了几行字，“如果你要拥有你从未有过的东西，那么你必须去做你从未做过的事情。”

长跑进入最后冲刺阶段。能不能啃下特效这块硬骨头？拿到第一次粗剪后的版本，后期制片孙敏惊呆了，全片有四千多个特效镜头，还都是 A 级以上的高难度镜头。砍，必须砍。最终成片里，特效镜头砍了一半，很多一看就很贵的镜头，如果不是对叙事特别有帮助，只能忍痛割爱。

留下来的特效镜头，每个都改了很多遍。最多的一次，一个镜头改了两百多遍。特效人员为了在有限的时间内保证质量，不得不长期加班。用 MORE VFX（参与后期特效制作的中国公司之一）创始人徐建的话来说，这次“同事们基本已经把睡觉当成了爱好，把回家当成了梦想”。

制片人龚格尔也常在网上调侃，“后期人员穷到没有秋裤穿”。有一次，特效公司的同事们为了让电影中一名角色在太空中漂浮得更优美，自发增加了工作量，用 CG 替身为他完成了很多近乎完美的动作。当他们把完成素材拿给龚格尔看时，龚格尔的第一反应是“没钱了”。大家哈哈大笑，“这次就算送的啦！”

《流浪地球》的参与人员有 7000 多人，光特效人员就有近三千人。从进组到上映的近四年时间里，美术指导郜昂完成了从恋爱、结婚到生子的全过程。《流浪地球》伴随他度过了人生最重要的阶段。

电影讲了一个特别集体主义的末日故事，大家在无序中找秩序，在绝望中找希望，一起干了件看似不可能的事情。电影背后的故事也是这样。郭帆一直都有这样一个愿景——拍一部真正的国产科幻片。这不仅是主创们的信念，也是很多电影人努力的方向。

这些电影人为《流浪地球》提供了力所能及的帮助。在隔壁摄影棚拍《疯狂的外星人》的宁浩把置景借给《流浪地球》使用。同样在拍科幻片的导演张小北，其工作室为《流浪地球》剪了预告片。后期宣发阶段，徐峥作为《疯狂的外星人》的主演，还发微博为同档期竞争的《流浪地球》点赞。这一刻，他们不是竞争对手，而是一起为行业进步贡献力量的中国电影人。

尽管《流浪地球》在故事层面仍有遗憾，比如影评人杨时旸所说的“人物特征不鲜明”，也有人质疑“过于套路，强行煽情”。但从制作和特效上来看，《流浪地球》对今后中国科幻电影的制作的确有参考价值。

主创们希望把制作过程记录下来，于是就有了一本《流浪地球电影制作手记》。书是按照三幕剧的结构写的，本文的三个小标题正是书中三个章节的标题，分别对应开发筹备、拍摄和后期阶段。

这段七千人接力的长跑即将走向终点，故事却仍在继续。2019 年 1 月 28 日，深夜，北京英皇电影城。B 组导演郁刚看完《流浪地球》的点映，亮灯后一看，这一场的观众几乎都是剧组的小伙伴们。主演屈楚萧叫住他，他站起来，挺直了腰杆大喊，“拍了咱们这个电影，我能吹一辈子牛！”

02

《地球最后的夜晚》背后融资局：一部高额投资艺术片的求生之旅

《地球最后的夜晚》于2018年12月31日上映，最终总票房超过2.8亿，对于一部艺术片来说，堪称创纪录的表现。

此时，在贵州凯里，一个房价均价4000的小地方，年轻的导演毕赣，远离外界的喧嚣，正在家里平静地带着小孩。

这位外界眼中“幸运”的年轻导演，人生中第二部作品就拥有了2000万的投资预算，后来这笔预算又涨到了5000万，这样的数额，相当于让毕赣在老家盖一栋房地产大楼。

如大家所见，毕赣成功地盖起了这一栋艺术“大楼”，并让它在市场引起了这样的反响。

但外界不知道的是，《地球最后的夜晚》拥有一个庞大的制作团队，细分工种多到不亚于任何一部过亿制作的商业电影。期间成本追加，三度引入投资方，最终背后出品方多达16家，创造了国产艺术片之最，涵盖了中国、中国台湾、法国三方制片。

这场冒险的背后，是一个艺术导演为了适应电影工业制作，所经历的试错和探索，同时它也让我们看到了一部艺术电影想要在国内生存下来，在资本市场上所能拥有的诸多可能性。

当然可以肯定的是，击鼓传花的三轮投资方们，一开始肯定没预料到无心插柳制定的营销策略，可以斩获现在的票房成绩，出发点也并非为了票房，而是因为导演毕赣这个人。

预算从 400 万做到 2000 万
《地球》提前启动海外预售

时针拨到《路边野餐》2015 年得奖的那一年，实际上也是《地球最后的夜晚》（以下简称《地球》）启动那一年。

“项目预算只有 400 万，你们的意向演员敢写汤唯？”

金马奖创投现场，作为评审的许鞍华导演对《地球》项目提问。而这时，一旁的评审贾樟柯导演则追问，看项目故事梗概已经这么敢想了，为什么预算却不敢往上提？

当时还不太敢想的两位年轻人，毕赣与制片人单佐龙，就这样在前辈们的点拨下，将预算提升至 2000 万，开始了一场千万级别投资项目的冒险。金马创投三位评审的最后一位叶如芬则选择投了《地球》，台湾华文创股份有限公司也就成了第一批投资方之一。

其实做过研究的单佐龙也了解，在欧洲，像奥利维耶·阿萨亚斯、米娅·汉森–洛夫等这类经常入围欧洲三大电影节的导演，一部电影的预算也在 5000 万人民币左右。他们通过政府基金，及稳定的预售渠道，就可以没有风险地做完一部艺术片。

而国内艺术片一直囿于低成本，正是因为一没有政府基金，二没有稳定预售，所有投资全部来自于民营资本，没有形成有效降低风险的制片模式。

大胆地提升预算之后，他们需要面对的第一个难题：如何像欧洲艺术片一样，降低风险？

既然国内很难做一部未完成电影的预售，当然只能先从国外预售开始做。稍作研究，便知欧洲艺术电影两个巨头发行商，非 Wild Bunch 和 MK2 两家莫属。前者做过娄烨导演电影，后者长期做贾樟柯电影发行。

单佐龙通过导演侯孝贤导演团队和经纪公司 CAA 的介绍，沟通并敲定了 Wild Bunch 全球销售发行代理权，拿到了一笔数十万欧的最低保证金（Minimum Guarantee）。最低保证金非买断版权销售，后续还有票房分成。

当然这笔全球销售发行代理权里，除开了大陆、香港、台湾。大陆地区最初由荡麦影业投资方华策影业独家代理，香港由安乐电影公司代理，台湾由叶如芬的华文创股份有限公司。

预售做成了，单佐龙开始想，有没有拿法国 CNC 电影基金资助的可能？

就在这时，他意外地收到 CG CINEMA 一封邮件，这家法国制作公司做过阿巴斯、奥利维耶·阿萨亚斯等知名导演的电影。引入它们意味着，一方面《地球》项目有了变成中法合拍的可能性，也便有了申请法国 CNC 的资格。另一方面他们可以提供成熟的技术及制作经验支持。

单佐龙可能也没想到引入 CG CINEMA 这一步，成就了《地球》关键性的长镜头。

因为 CG CINEMA 制片人查尔斯（Charles Gillibert）的加入，不仅为电影提供了很多技术支持，而且还在《地球》超期摄影师没档期的危机时刻，找来了奥斯卡最佳外语片《野马》的摄影师大卫·查泽勒（David Chizallet）救场，擅长手持摄影的他，与董劲松一起完成了《地球》关键性的 70 分钟长镜头。

因为 CG CINEMA 的加入，查尔斯从 Wild Bunch 手中分走了法国发行权，并托给 Bac Films 代理发行。然后通过 Wild Bunch、CG CINEMA 帮助，《地球》送到了戛纳电影节选片人福茂跟前。最终，看过初剪版的福茂，给了《地球》戛纳电影节入场券。

为何成本会从 2000 万到 5000 万
《地球》超期时刻背后资本救场

《地球》海外布局顺利推进同时，国内投资布局也没落下。毕赣和单佐龙在上海成立了荡麦影业，拿到了华策影视的战略投资。华策也自然成了《地球》项目的领投方，随后做过《路边野餐》宣发的太合娱乐入局。

而投资方亭东影业此前与他们没有交集，但单佐龙觉得，荡麦影业与亭东影业作为上海为数不多的电影公司，毕赣和韩寒都是年轻导演出身，经营理念和创作旨趣也比较相投，自然是首选目标资方。于是他约了亭东影业《乘风破浪》制片人于梦见面聊，没想到于梦已经关注毕赣新项目很久了，双方一拍即合。

单佐龙的眼光没有错，选择的几家初始出品方，确实在后来遭遇波折后的关键时刻给到了很大的支持。

一切要从《地球》超期超支的问题上说起。搞定国内外 2000 万预算后，单佐龙以为万事俱备，于 2017 年 6 月 15 日开机。可怎么也没料到，剧组的第一个挫折竟来得如此之快。

至关重要的美术团队遇到了问题。这个团队前期负责将剧本视觉化呈现，后期还参与场景设计和搭建，本与毕赣合作《秘密金鱼》的台湾美术团队，因不了解凯里当地环境状况，搭的景都出现了严重“水土不服”的情况，道具材质等都不对。

单佐龙反思，这支美术团队专业性没有问题，还是因为前期筹备考量不够。于是开机的第一天，《地球》就只能选择停拍。监制万娟、沈暘紧急联系了《归来》《白日焰火》美术指导刘强 “救火”，但是一个经验再丰富的美术指导，也不可能在短时间内赶工出一套美术方案来。

单佐龙意识到，突然停下来的《地球》肯定会超期，超期也就意味着超支。剧组哪怕停下来一天不拍，每天 30 万 –40 万的开销几乎等于凯里一套房。

他如实地将剧组情况汇报给第一批投资方，作为主投方华策最早认下超支的钱，太合、亭东、华文创也都在第一时间追加了投资额度。他们为什么会这么慷慨解囊？

太合从最初份额提升至双倍份额。太合娱乐旗下合瑞发行 CEO 田琦在接受娱乐资本论采访时表示，太合做过很多国内艺术电影的宣发，一直很关注新导演的作品。刚好《地球》赶上了这么一个时机，太合成长到可以为艺术电影提供资金支持，同年还投资了新锐导演忻钰坤第二部作品《暴裂无声》。

亭东影业制片人张冠仁说，老板韩寒本人是新导演出身，当他听到《地球》情况时，很能理解毕赣所遇到的困难处境。韩寒本人对技术很有兴趣，所以毕赣对 3D 长镜头技术的探索，与其不谋而合。

而华文创作为一家台湾公司，相对台湾文艺片预算来说，本来《地球》最初的投资已经算巨资了，但他们也都及时认了超支的钱。

第一批投资方的态度，给了单佐龙危急时刻，最重要的支持。但剧组一直停到 7 月 10 号复机，25 天的时间成本造成的损失，依然入不敷出。《地球》只能引入第二批投资。这批投资方主要是以个人关系为主的“救急”投资。

它们是，监制沈暘引入的中影国际基金，演员黄觉介绍的张歆艺的道来影业入局，以及监制万娟找来了黄晓明与郭亭婷的境界文化新沂有限公司。

黄觉一开始并没有意识到《地球》出现了资金状况。复机前，导演在设计电影里很重要的索道戏，现场有人说索道镜头可能要花 80 万，毕赣当即表示就算自己不要酬劳，也要拍这场戏。那一刻，黄觉才意识到剧组遇到了麻烦，最后黄觉不仅拉来了朋友张歆艺的投资，还没要自己的超期酬劳。

两次召回主演
最后 5 天拍完 1 小时创纪录长镜头

解决完超期带来的超支问题后，超期所带来的第二个严峻后果，终于在 2017 年 9 月爆发了。《地球》也进入了单佐龙所说的“至暗时刻”。

《地球》原定于 6 月 15 日开机，拍摄 60 天，中间休息 15 天，最迟于 9 月杀青。如果晚于 9 月，意味着，剧组里从演员、摄影、灯光到场务人员都可能没有档期了。

而此时《地球》连前面 2D 部分都没有拍完，大概还剩下七八场戏。无奈之下，《地球》剧组原地修正，一边重新搭建团队，一边协调主演的时间。

终于在 10 月召集回主演，安排上了一次长镜头拍摄。《地球》面临了工业化制作的第二个挫折，3D 长镜头一天最多能拍摄三条，一次长达 70 分钟以上，每次拍摄完还要做长时间的场景复原，而且极度考验摄影技术。因为前期筹备未做技术测试，这次 3D 长镜头拍摄彻底地失败了。

10 月 12 日，《地球》被迫杀青，命运未卜。11 月，《地球》又组建了一个 40 人的补拍剧组，请来了摄影董劲松，完成了前面落下的几场 2D 部分戏。但没有成功的 3D 长镜头，这完全成不了一部电影。

吸取第一次拍摄失败的经验，这次《地球》团队用了一个多月时间筹备第二次长镜头拍摄。2018 年 1 月份组建好新的剧组，找来了前文提到的至关重要的摄影师大卫·查泽勒（David Chizallet），整个 1 月一直在做技术测试。

但到了2月份，留给他们实际拍摄时间只有五天。因为汤唯只有五天档期，她当时正在《大明皇妃》的剧组，作为一部大女主戏，汤唯几乎脱不开身。而且《大明皇妃》一个600人剧组一停机，每天损失大约是《地球》剧组的十倍。

而且当时汤唯身体状况也不是很好，她还是硬着头皮请了假来到了凯里。

原计划两天排练，三天拍摄。但实际上，由于这场戏演员走位调度过于复杂，花了三天时间排练，只剩下两天时间拍摄。最后成功的保住了两条，而且最后一条完成于2月9日早上七点，是毕赣最想要的黎明时间。

走的时候，汤唯告诉毕赣，实际上她多请了两天假，如果出现问题会一直陪着电影走下去。得到主演支持的毕赣，终于被幸运之神眷顾了，《地球》真正的杀青了。

但超支的情况还在继续，每份海外宣传物料的花费都超出单佐龙的想象，每做坏一颗DCP就要损失1万-2万。因为拍摄时间横跨九个月结束，原计划5月进入戛纳电影节展映，这意味着后期必须要在三个月时间赶工完成，包括3D转制时间，后期制作及导演剪辑时间。

赶工也就意味着烧钱。而且因为没有形成模板，相当于是一个电影节，就要赶制了一个版本。专门为戛纳电影节赶制了一个版本，接着10月的多伦多电影节，又要在此之前赶制另一个版本。这样的成本，完全不可控。

《地球》只好引入了最后一批资方，于是优酷、腾讯、猫眼、蓝色星空纷纷入局了。

一方面他们的加入是帮助《地球》度过后期的资金难关，另一方面也是考量到平台方的国内宣发资源。比如优酷相当于是上映前给到了《地球》一笔不错的预售；腾讯影业给了很好的站台资源做宣传；猫眼为《地球》线上宣发方面提供了很好的资源；蓝色星空做了电视硬广。

至此，《地球》的最终资本局组建完成。单佐龙说，后进来的每一个投资方认的成本，与最终制作成本几乎一样，没有任何溢价。超出来的制作费，换化成每一个观众在大银幕上，看到的效果。

《地球》作为一个文艺片项目，每一次引入资方都是为了续上这部电影的命。

《地球最后的夜晚》出品方入局顺序

引入批次	引入阶段	组成公司	
第一批资方	筹备期间	荡麦影业	华策影视
		华文创股份有限公司（中国台湾）	太合娱乐
		亭东影业	Wild Bunch（法国）（预售）
		CG Cinema（法国）	
第二批资方	拍摄阶段	中影影视文化投资	道来影业
		境界文化新沂有限公司	
第三批资方	后期制作	中南影业	自有酷鲸影业
		优酷（预售）	蓝色星空影业
		腾讯影业	猫眼微影文化

最终《地球》多达 16 家的资本局能够撺成，也客观说明了电影投资市场正在变得多元化。

《地球》项目为大投资额度的文艺片提供经验：一是效仿欧洲制片模式进行海外布局，拿预售申请电影基金，降低投资风险；二是组建多方资本局的可能，不仅可以有效止损，将风险平摊到每一家出品方，还可以利用各家资源优势，借力在宣发布局上，增加一部文艺片在市场上的能见度。

03

“做有尊严的中国电影”，《我不是药神》诞生记

2017 年 3 月，南京，深夜，驻组宾馆，《我不是药神》的主要演员，徐峥、周一围、王传君、谭卓、章宇、杨新鸣、李乃文围读剧本以后，开始一场场地排戏。像在话剧舞台上，演员们都十分投入，随着语气时而高昂，时而低沉，幽默、温馨、凝重等气氛在简单的小会议室里轮番上演。

“做制片人 10 多年，现在别说排戏了，有些剧演员能给足拍摄时间就不错了，药神的情况很珍贵，特别久违，这个口碑我一点都不意外，拍不好我才意外呢。”制片人王易冰说。

他点了根烟，靠向沙发，身后的白板上写满《我不是药神》的点映场次，几点，在哪，几号厅。

电影上映前期，主创们都忙得够呛，虽然对口碑很有信心，但其传播速度和影响层次还是出乎意料。事实上，影片的前期宣传声量并不大，数据也相当平淡，团队都暗暗着急。

但点映以后《我不是药神》口碑爆发，“自来水”灌满朋友圈，豆瓣评分高达 9 分，上一部“9 分华语片”还是 16 年前的《无间道》。

当时有业内人士预测《药神》票房将破 40 亿，甚至挑战《战狼 2》。

而王易冰和宁浩都坦言，这部电影的上映，就是最大的成功。

《药神》的投资在1亿多，团队此前预期的票房是4到5亿。截止首映日，药神收获了3亿票房，猫眼专业版当时预测票房为33.6亿。

毫无疑问的是，2018年的暑期档，《我不是药神》掀起了一波观影热潮，成为一部大热的现象级影片。

“我们舍弃了更大牌，但不给足够时间的演员”

徐峥：“这是我演艺生涯迄今为止最满意的影片。”王易冰：“这是我从业18年做过的最好的电影之一。”

被两位资深从业者用这样的话形容，我们不禁好奇，纵使外界赞誉很多，参与了内部创作的人也能够如此放言吗？从他们的视角看，《我不是药神》究竟好在哪？

王易冰用了一个词——非常团结。

“这很难得， 老实说我拍了这么多年，各种各样的剧组状况都碰到，闹矛盾的，争利益的，所以药神这个剧组的团结尤为珍贵。”

能够凑齐一个向心力强的团队，首当其冲是选角考量。他们建议导演舍弃了一些可能更大牌，但不愿意给出时间的演员。

“我不相信演员下了飞机到现场穿上衣服就知道怎么演这场戏，那些拍两天又走的，能有好的创作吗？”剧组要求主要演员提前两个星期进组观察磨合。

还有一个细节是，作为影片第二出品方真乐道的老板，徐峥出演男主角“程勇”一角，是他在新人导演文牧野面前多次争取，才成功的。

在剧本原来的设定中，男主角是一个东北大汉，但徐峥是个上海男人，这让文牧野一度有些为难。后来，两人见了一面，文牧野也没有立即答应，只是说，将根据徐峥的情况调整剧本，先看看效果。这之后，故事的主角变成了上海人，故事背景和情境氛围也换到了上海。

“改动很大，但从呈现效果看，很成功，导演自己也很满意。”王易冰说。

徐峥在《我不是药神》里的表演自然克制却直抵人心，打动了不少观众。更重要的是，在《药神》大多是“80后”的年轻摄制团队里，他成为了演员的主心骨，带领大家围读剧本、排戏讨论，全组人都进入到一种心无旁骛的创作状态中。

王易冰分享了一个他觉得很动人的场面：“黄毛”死后有一场程勇在他家里的哭戏，这是徐峥一个人的夜戏，但所有演员都在现场陪他，每拍一条都会有人上去跟他抱一抱，聊几句，直到徐峥结束拍摄大家才一起离开。王传君后来也说，有时候一条拍了十几遍，在仓库拍完夜戏出来一看天都亮了。谭卓为了短短半分钟的钢管舞场面，练到骨折，留下了永久性损伤。

再回首《我不是药神》的拍摄，王易冰感慨：“这个凝聚力是怎么来的？就是这样一点一滴积累下来的，参与这个电影的制作过程让我感受到一种非常久违的感觉。”

“文牧野有一种很男性的浪漫，很阳刚，但又很深情”

宁浩原本想自己拍《我不是药神》的故事。

2015年，他在长沙为新片《疯狂外星人》选景，同时还要看其他剧本，一个名为《生命之路》的剧本突然将他“击中”。

“我一口气就看完了，然后念念不忘，你知道我们每天看很多剧本，能在脑中沉淀下来的，一再想起的就是好故事。”宁浩说。

他把本子给徐峥看，说自己想拍；没过多久，他又告诉徐峥，想让公司旗下的新导演文牧野试试。

“我觉得文牧野是拍这个片子最合适的人选。”文牧野是因为他参加

FIRST 影展的两部短片《BATTLE》和《安魂曲》被坏猴子 72 变新导演计划发现的。

“这个剧本要传递的人物力量跟他之前拍的片子，以及文牧野这个人，特别相近，比如《BATTLE》的审美是特别男性化的，但也有浪漫主义的部分，就是很阳刚，又很深情。”宁浩说。

文牧野自己也被这个故事吸引住，但他也没想到，剧本在他手中一改就是两年多，改完一稿打回来再改，宁浩反复和他讨论的问题就是：为什么要拍这个电影？为什么必须是你来拍？中间也几近崩溃，有一次文牧野坐在宁浩对面说：“真的干不动。”宁浩说：“你确定，你想好？”他又“倔起来”。

现在回头来看，我们接触的相关人士都不约而同地提到一点，那就是虽然是新人导演，但文牧野的功课做得极其充分，对《我不是药神》的每个细节都了如指掌，无论是在拍摄现场，还是面对媒体，他都能精确地回答任何人关于影片的任何问题。

“最好的公关就是：我陪你看一遍电影”

2018 年 6 月 16 日，《我不是药神》在上海举办了一场名为“药你笑”的发布会，现在再看多少有点让人发笑——因为大部分观众都在观影过程中哭了，耳边响起的是此起彼伏的啜泣声。

“一开始我是强烈反对的，有点挂羊头卖狗肉嘛。”王易冰说。他自己看了三四十遍，到 6 月 19 日首映的时候还在哭，每次带人去看都是“整齐划一哭得稀里哗啦的”。

之所以会陪过好多人看这个电影，是因为王易冰觉得对于影片的质疑与其说再多，还不如带去看一遍。“电影过程当中碰到的问题，几乎都可以用看电影来解决。这个电影的魅力在于，很多人知道故事的走向，比如说看到黄毛和徐峥在码头那场戏就知道黄毛快死了，看到黄毛剃头了就知道黄毛马上要死了，但他们还是会跟着这个情绪走，不影响欣赏。”

《我不是药神》的故事原型陆勇也是一个先抱持怀疑，后来被故事说服的观众。王易冰说，他一开始对于影片把他塑造成一个卖印度神油的很不满，但5月底，两人一起看了一遍影片，陆勇哭了，也接受了这个故事，还出席了7月2日的首映礼。

小范围的人群好说服，但要吸引大众走进电影院，前期的宣传人员背负了很大压力，《我不是药神》因题材所限一开始的宣发就比一般电影的难度大，“很多电影可以做的我们不能做。”有宣传人员告诉我们。这也是团队最后统一前期主打“喜剧”策略的原因，先把跟排片攸关的数据提上来。

选择主打喜剧，一是稳妥，高校路演都只放笑点密集的前50分钟，宣传物料也打出“暑期欢乐消愁”的口号；二是宁浩、徐峥合体的符号感太强了，很多人会本能地认为这就是喜剧，要扭转这种潜意识很困难，还不如顺势为之。

被外界津津乐道的五天大规模点映，其实是早在之前就定下来的，当时是希望大量点映后发酵的口碑能够带动票房。之后的反馈出乎意料，实际点映的四天里，累计观影人次达465万，收获票房1.63亿。度过了宁浩口中“最大的困难”——上映后市场对于这类题材的接受度。

随着影片关注度大涨，盗版资源开始盛行，几乎跟点映开启的同时网上就流传出手机摄录的枪版，“这个蔓延的趋势挺可怕的。”王易冰直言。现在能在社交网络上看到不少加入讨论的网友称自己已经看过枪版。

盗版猖獗最终促使《我不是药神》提前一天公映，坏猴子紧急找了三个维权团队来处理相关事宜。

“做有尊严的电影”

“这个片子能够出来太难了。”团队内外都有人向娱乐资本论感慨。

“中国只有一种病，穷病。”“他才只有二十岁，他只是想活着，他有什么罪！”《我不是药神》中的几句台词引发了巨大的讨论和共鸣。这样现实主义题材的出现，聚焦慢粒白血病，关乎社会民生，涉及国家公检法机关，让影迷们激动地说中国终于出现了一部可以在拍出《出租车司机》《熔炉》的韩国面前挺直腰杆儿的电影，人们开始期待药神的出现能推动现实层面的进步。

王易冰则谈了一个让他颇有感触的评论，有影评人看完药神后写道：“找回尊严，做电影的尊严！”

他的感触在于：“最近这几年大家对于拍电影这件事有各种各样的声音，觉得挺乱的，烂片、骗钱、泡沫……有时候会觉得你自己在干的这个事是不是有点……没劲。所以看到‘尊严’这个词印象就比较深，其实就是尊重——这个事你做完以后能得到其他人的尊重，你会觉得这是个有意义的事。”

进一步解读这句“意义”，回顾这次《我不是药神》的制作和宣发，是一场从制片人、导演、监制、演员、宣发，到全团队的通力合作。背后透露的是一份实打实的对电影的诚意和观众的尊重。《药神》的现象化，也给中国认真做电影的人带去了鼓励，在当下，专注去做一部尊重创作和观众的电影依然是必经之路，没有捷径。

04

《战狼 2》投资局：8 亿保底，再经多次“加磅”

《战狼 2》是 2017 年中国内地市场最具风头的影片，没有之一。

《战狼 2》上映 5 天后，业内的微信群开始转发一张好莱坞《综艺报道》的截图，《战狼 2》首周末票房登顶全球票房第一。

《战狼 2》的国内票房最终落点为 56.8 亿元，雄踞国产电影历史最高票房纪录。并在中国内地创下累计观影人次 1.4 亿的成绩，荣登“单一市场观影人次”全球榜首，跻身全球影史票房 top100。

可以说这是个皆大欢喜的局面。《战狼 2》用实际票房对此前一年多以来，电影市场“拐点论”“阴霾论”进行了有力地驳斥，也让背后的出品、保底发行方拿到了双赢的局面。2017 年 7 月 31 日早盘，北京文化一字涨停，捷成股份出现 3.47% 的增幅，出品方之一橙子映象背后的股东光线传媒也在下午 1 点左右出现了 5.74% 的涨幅。

一方面，北京文化和聚合影联在首周就卸下了 8 亿票房保底包袱；另一方面，票房超过 12 亿的部分，吴京等各家出品方将拿到更高比例的分成。

不过，娱乐资本论发现两个很有意思的现象。

《战狼 2》在被北京文化、聚合影联保底发行的情况下，又陆续进入几家出品方，甚至保底队伍中后来也加入了鹿鸣影业、启泰文化、启迪影业等几家公司。

事实上，2016年北京文化发布公告，与关联公司聚合影联按照8亿票房保底《战狼2》，并垫付不超过6000万的宣传营销和发行费用。

影片主控方在已经确定收益的情况下，为什么允许多家公司分享自己的收益？

类似《战狼2》这般引入多家投资方的做法，还有《京城81号Ⅱ》《绝世高手》《绣春刀2》等影片，它们背后分别站着20多家出品公司，《建军大业》背后甚至有将近40家公司参与。

一些业内人士已经明显感觉到，这种现象在以前并不常见。过去的电影中，出品方一般也就三五家公司，而在最近一两年，优质电影项目背后的出品方名单越来越长。

到底是市场不景气引发的抱团取暖，还是业内新流行的一种投资策略？

《战狼2》背后的14家出品方、7家发行方"军团"是怎么来的？

"你看这些年被资本绑架的电影全死了。所以，我不能也这样。"在接受娱乐资本论采访时，吴京快人快语。

参与这场盛宴的不仅有登峰国际以及春秋时代几家"老"出品方，还包括万达影业、博纳影业等多家"新面孔"，甚至还有在保底之后入局的公司。

明知《战狼2》是赚钱的片子，北京文化8亿保底已经让原出品方在影片未开拍之前就锁定2.7亿元收入，为何还要在保底之后引入众多出品方？

因为吴京缺钱！

《战狼2》出品、发行方详情			
出品方	联合出品	发行	宣传
北京登峰国际	中影股份	北京文化	杭州黑马影视文化有限公司
春秋时代（霍尔果斯）影业	鹿鸣影业	聚合影联	
捷成世纪	博纳影业	联合发行	
嘲风影业（北京）	北京文化	启泰远洋文化传媒	
霍尔果斯橙子映像	万达影视	五洲电影发行	
霍尔果斯登峰国际	合一信息技术（北京）有限公司	影都文投	
	嘉会文化传媒	淘票票	
	星纪元影视	合瑞文化	

在2016年的华表奖颁奖现场，吴京透露《战狼2》已经开拍，娱乐资本论曾问吴京，《战狼1》的时候很缺钱，第二部应该有很多投资方追着投吧？

“《战狼2》依然很缺钱！”吴京说。

由于北京文化在《战狼2》开拍前保底，吴京并未预计到后面影片拍摄会超支，影片制作成本从1.5亿涨到了2亿。有消息称，吴京甚至拿自己的别墅抵押融了8000万。

一家出品方曾向娱乐资本论透露，当时北京文化给出了10亿和8亿两个保底方案，而8亿是综合各方面风险后，得出的比较低的预期。

吴京也承认：“即便北京文化8亿保底，我也依然赚不到钱。”

这样看来，在北京文化保底之后，吴京再引入其他投资方分担一下成本也有情可原。

有业内人士透露，《战狼2》的出品方多，其实也有一部分是处于资源和人情的考虑。

围绕着吴京的公司登峰国际，深入观察《战狼2》背后的出品方和发行方，似乎能隐约看到影视圈内复杂的关系脉络。

其中，春秋时代作为《战狼 1》的出品方和登峰国际合作密切。去年春秋时代主控的《大话西游 3》中也有登峰国际的身影。

星纪元影视也是《战狼 1》的联合出品方之一，并且专注于军旅题材影视剧，曾经出品《与狼共舞》《我是特种兵之火凤凰》等军旅剧。

而上市公司捷成世纪原本是 CCTV、湖南卫视等电视台的设备供应商，同时也是星纪元影视的母公司。

还有，嘲风影业也曾经是《战狼 1》的联合出品方，曾在 2016 年 4 月把《我的岳父会武术》中的投资份额以 2900 万价格转让给北京文化。

一位业内人士透露，同意万达影业加入出品方阵营，明显是看中了万达在影院排片方面的优势。

《战狼 2》背后到底有多少家保底方？

在数量庞大的出品方之外，娱乐资本论发现，《战狼 2》的保底方也增加了数量。

根据知情人士透露，《战狼 2》的保底收益分了 4 个等级，8 亿之下，8 亿到 12 亿，12 到 15 亿，15 亿以上，每个等级额收益比例不一样。

在这个保底的盘子里，娱乐资本论发现，启泰文化和启迪影业都是新面孔。

2016 年 8 月，北京文化发布公告与聚合影联一起为《战狼 2》保底 8 亿。其中 1.4 亿是由北京文化来保，剩下的 1.3 亿有 6000 万是宣发费，由启泰文化和聚合影联各保了一半，每家出资 6500 万。

启泰文化是在影片保底后不久，就从影联手中拿到了份额。

“从《百鸟朝凤》到《大话西游》加长版，再到《血战钢锯岭》《绣春刀 2》，我们已经和聚合影联有了很好的合作默契并达成了战略合作关系。”内部人士透露。

但另一家保底方启迪影视则是在看完影片，粗剪之后才参与到保底中来的，并且是以固定收益的方式参与。

“在《战狼2》中相当于债权合作，收取固定利息；《绣春刀2》的保底我们也是在看完片之后才参与进去的，挂联合出品方的名字。”一位公司内部人士透露。

值得注意的是，不管是启泰文化还是启迪影视参与保底，都是以平价转让的方式从影联手中购买投资份额，而非以前溢价流转的方式。

“国家金融监管的严格，而且这几家主出品方都不是金融企业，没有用原来那种把影片切分成不同份额，溢价转让的方式，纯粹是分担聚合影联的风险。”上述知情人士称。

《绣春刀2》出品、发行方详情

出品方	联合出品	联合出品	发行
花满山（上海）影业	企鹅影视	启迪传奇影视传媒	聚合影联
嘉映文化传媒	嘉行影视	西藏一格万象影视传媒	联合发行
自由酷鲸	华策影业	青年电影制片厂	淘票票
坏猴子影视	启泰远洋文化传媒	麦特影视文化传媒	宣传推广
	聚合影联文化传媒	安瑞影视	麦特文化发展
	中南影业	欢欢喜喜文化投资	
	影都文化投资发展有限公司	甲壹影视	

“有些项目1.5亿拍了两年，但是主控方因为资金周转不灵，准备2亿卖给你，这算是溢价吗？1.5亿资金加上两年的资金使用费，肯定不止2亿啊，如果评估影片品质过关，这个接盘侠就当得不亏。”一位业内人士称。

在实际操作中，一般情况下，部分先进入的出品方会把原先的投资额加上 12%–30% 转让给后进入的出品方，具体浮动多少要看资金占用的时间长短。

《绝世高手》《建军大业》多家出品方仅持有 1% 以下股权，是抱团取暖还是利益捆绑？

以前，一部电影通常只有 4~5 家出品、发行方，涵盖制片、院线、发行、宣传即可。

但一些业内人士已经明显感觉到，这种现象在以前并不常见。过去的电影中，出品方一般也就三五个名字，而在最近几年，大导演的影片出品方名单越来越长。

《绝世高手》出品、发行方详情

出品方	联合出品	联合出品	宣传
宸铭影业（上海）	北京得鱼影视	捷成瑞吉祥	杭州黑马影视文化有限公司
宸铭影业（宁波）	万合天宜	西藏恒信天地影业	
华谊兄弟	东方娱乐传媒集团	向上影业	
博纳文化传媒	伯乐世纪文化传播	一响天开影业	
腾讯影业	大盛国际	启泰远洋文化传媒	
合一影业	小米电子	啊哈娱乐（上海）	
开心麻花	东方富海投资		
猫眼文化传媒	青岛富海大千影视		

《战狼 2》背后才 14 家出品方，7 家发行方，这还不是最夸张的。年初的《西游伏妖篇》光出品方就达到 21 家，此前上映的《绝世高手》也有 21 家出品方，甚至《建军大业》背后站着 31 家出品公司。

在影视媒体壹娱观察的一篇文章中提到，一部影片，除去其自己保留的股权，剩下的股权分给了一些关系较好的公司、个人、基金等，而这些分散出去的股权在层层转手之后，现在已经被分成了将近200份投资股权。

还有一些和片方或者导演关系好的个人，可能在开拍前就拿到了小部分股权，然后转手就卖给下家，自己赚中间的差价，实际的钱都不用出。

根据娱乐资本论了解，在出品方变多的情况下，主控方的项目份额并没有减少很多，反而是后来入局的公司拿到的份额比较小。

《建军大业》出品、发行方详情

出品方	联合出品	联合出品	联合发行
中影股份	英皇影业	华夏电影发行	中影股份
博纳影业	华文映像（北京）	歌华有线	博纳文化传媒
南昌广播电视台	企鹅影视	瘦西湖影视传媒	博纳影视制作
八一电影制片厂	华侨城集团	永旭良辰文化发展	宣传
上海三次元影业	尚世影业	华影欣荣影业	微观宸宇（北京）文化咨询
宸亚电影	千易志城文化传媒	中南影业	
	万合天宜	DMG印记传媒	
	万达影视	新友玺月影业	
	中熙文化发展	商周传媒	
	北京云图影视	电影频道节目中心	
	江西博纳明鑫文化	佰安影业	
	一壹传媒	中国财经出版传媒集团	
	启迪传奇影视传媒		

“《绝世高手》中，往外分了600万份额，每家60万拿1%，像小米影业基本都是拿了很少的比例。”一位业内人士透露。

《建军大业》就更夸张了。

中影集团董事长喇培康在接受媒体采访时表示，《建军大业》中不少投资方只有0.5%的份额。因为有将近40家投资方想投资这部影片。

“如果这个给10%，那个给5%，能有这么多的投资方吗？这么好的项目，而且还有很重大的意义。这些人都不在乎这部片子投资是不是能赚钱，就是恨不得 0.5% 也行，只要能参与，片头有他们公司的名字，就心满意足了。所以我们做片头、片尾字幕都很费劲，唯恐落了一个人。”喇培康说。

以前，几家出品方就能码起一个电影项目盘子，也想把更多利益留给自己，并不想被人分摊，但在市场环境不景气的情况下，大家都想提前转嫁风险，引入越来越多的投资方。

现在，再好的片子也很难精确预计票房。所以，出品方愿意用释放极少的份额吸引多家投资方，将更多的资源集中在一起。

此外，在整体市场好项目稀缺的情况下，引入更多投资方也会处于部分资源置换的考虑。

片名	出品方	发行	宣传
《建军大业》	31家	3家	1家
《战狼2》	14家	7家	1家
《绣春2》	18家	2家	1家
《京城81号II》	22家	1家	1家
《绝世高手》	22家	/	1家

“比如，你给我一点份额，让我赚一点钱，我下一部片子，你想投资的话，我可以给你开放份额。这种情况下，相互交换两千万资金的投资份额，可能都不用过账，但是两家出品方都会在双方的项目中露出。说句不好听的，一家出品方就包场，还能包很多票房出来呢。”上述业内人士透露。

不仅业内的公司在抢资源，随着这两年更多的金融资本介入电影产业，好项目正在被各路资本争抢。

“很多上市公司也是到处找项目，能投进去一个好项目，股市上就很好讲故事了。”聚合影联一位发行人士表示。

随着影视资源集中度的不断提升，未来，数量庞大的出品方军团会越来越常见。

05

4 年时光，耗资 1 亿，张昕宇夫妇的环球“侣行”

1

与张昕宇告别，是在 2017 年 1 月 25 日，除夕夜的前两天。他的 8 万公里环球飞行，是以一道简单的计算题而开始的。

位于北京双井的一间工作室，张昕宇靠在沙发里，抽掉十来根中南海，等来了剩余 7 个成员背着行李赶来。每个人的头一件事，是站上体重秤，并报出 LED 显示屏上的数字。晚上 6 点，最终的数字被计算出来：8 个人加行李，一共是 0.85 吨。

运载这 8 人的飞机则有 3.3 吨，装载的航空燃油还有 2 吨，这意味着当张昕宇第一次握着操纵杆，将飞机抬起，他的手上将有 6.15 吨的重量。

然而，这架运 -12 飞机的设计图纸上，标记着的理论最大起飞重量仅为 5.5 吨——超出设计的 650 公斤，意味着将让飞机坠落的概率增加 100%。

一道算术题做完，花了张昕宇不到 3 分钟的时间。对于这个体重常年保持 270 斤的胖子来说，另一种重量成了最先考虑的问题。接下来的 10 分钟，尽管医生已告诫尽量少抽，他还是燃起了手里的第二盒烟。

这并不是张昕宇和妻子梁红的第一次远行。几年来，他俩大概把全世界最极端的地方都走了一遍：最远的南极，最冷的村庄，最危险的中东，最原始的亚马逊部落，甚至下过南太平洋的火山、潜入墨西哥满是尸骨的圣井，还因为在阿富汗用3D投影技术还原巴米扬大佛，被塔利班通缉过。

这些故事被拍成了后来为人所知的纪实真人秀《侣行》，网络点击量超过16亿。在许多人看来，这个外号270的胖子，脑子里装得满满都是疯狂。然而这天晚上，我目之所及的却是有些近乎偏执的恐惧：每天睡眠不超过4个小时，张昕宇的眼睛红肿且布满血丝。他开始打开电脑，点出气象软件，研究未来三日的风力、风向、气压、气温、大气密度……

显示屏上是一连串我看不懂的数字、线条和色块。这次飞行的气象导航烟斗告诉我，身在高空，无所依托，空气的流动、云层的厚度往往就决定着生死。

此前几个月，张昕宇每晚都会看一集Discovery《空中浩劫》的纪录片。这个14季117集的庞大空难节目，似乎容纳了人类所有未曾计算到的错误而引发的空中灾难：电线短路、螺旋桨被侵蚀、与塔台的沟通失效、轮胎爆裂的残骸击中油箱……

“别人都说我胆大，其实不是，我每次都想把所有的危险都计算到。”几年来，这是张昕宇常会挂在嘴边的话。最近的一次，是在2016年10月，他的老友、中国航海家郭川在单人驾驶帆船穿越太平洋途中，落水失联。张昕宇和烟斗熬了几夜，做出了一个搜救方案给对方的团队作为参考。

那是大兴安岭加格达奇的深秋，整理方案之外，张昕宇和梁红每天都会在空中待上七八个小时，进行飞行训练。有一天晚上，刚和烟斗打完电话，结束了一场对夏威夷附近海域洋流速度的讨论，张昕宇显得有些失神，点着烟，盯着灶台里跳跃的火苗，他突然对我说：

“承刚，你说这样想是不是有点可笑：其实这条路上每个人都有可能会死，我只是希望千算万算，它不要发生在我身上。”

2

2017年1月29日，大年初二，张昕宇和他的伙伴们出发了。起飞地点是在哈尔滨太平国际机场，零下20摄氏度，停机坪与跑道两旁都铺着了一层积雪，西北风呼啸。

凌晨5点等待进场，随后是超过150项的飞行前检查：引擎状况、燃油储备、通信系统、导航设备、飞机系统……一系列复杂操作后，张昕宇和梁红将这驾编号为3804的运-12飞机，缓缓开上起飞跑道。

飞机内部简单到近乎原始的状况，也是千百种计算后的结果：变流机等设备被移除，内部装饰被拆掉，就连后部座椅的泡沫也被移走了……最终减轻的100多公斤重量，替代成了2个可装载450升燃油的副油箱，这让飞机的单次航程从1340公里增加到了2000公里。

这是一次漫长的旅程：每一公里的增加，都意味着更安全一点，意味着离死更远、离生更近。

张昕宇对我说，所有的减法，最后都会转化成加法。他开玩笑地说虽然内部是二战样式，但还是想尽办法在飞机里塞进了海事卫星系统、铱星通讯系统、紧急定位装置ELT，用10多块航空铝加强机体结构，并为配合雪地等复杂地形降落提升了液压系统。

在他看来，所有的准备，都是为了走一条还没人走过的远路：驾驶飞机从哈尔滨出发，穿过白令海，过北美到南美，抵达南极，随后穿越非洲、亚洲，最终返回中国。航线两次跨越赤道，两次跨越西风带，航程总计超过6万公里，在人类的环球飞行史上，还没有人这么做过。而这也将是中国制造的飞机首次环球飞行。

8点56分，这架被命名为“超级白”的飞机从跑道开始腾空。白色机翼擦着西风，先是飞过雪与泥相间的村庄，随后穿过银色的松花江与乌苏里江，进入满是云杉与银松的锡霍特山脉，不久舷窗下就能看见漂满了蓝色浮冰的日本海。

每小时 250 公里的速度，这让张昕宇的第四次环球旅行，变得前所未有的快速。跨洋电话里，随行的摄影师权煜棋却说，这是他所看见的老大最辛苦也最紧张的一次旅程。张昕宇驾驶的这架运 -12 飞机已服役 33 年，没有自动驾驶仪，而需依靠手动驾驶——这意味着在总计 53 站、超过 400 小时的飞行中，他必须时刻保持专注，并与疲劳、强风、云层、雷电和任何可能出现的机械故障对抗。

“开船可以抛锚，开车可以停靠，开飞机一旦出问题，一摔，可就碎了。”这是张昕宇经常对我说起的一句话。

飞行第二站，飞跃 1400 公里的鄂霍次克海，团队就遭遇了第一次航空特情。这是 2017 年 1 月 31 日，3 千多米的巡航高度，窗外尽是冻成冰原的银色海面。机内一个副油箱的油泵突然失灵，并有漏油现象。

这意味着机身右侧将无法供油，伴随着消耗，飞机就将因右侧重量变轻而失去平衡。

张昕宇立刻启动应急方案：关闭右侧机翼的燃油泵，打开交输阀；查看航图寻找最近的备降机场，并让所有人都坐在机舱右侧，以增加右侧的配重。

最终，一系列的应急检查后，机翼两侧达到了平衡，剩余油量也让飞机支撑到了降落。降落鼓掌是这个团队的传统，用以“庆祝又多活了一集”。而这一次，当起落架碰触到跑道，颠簸的飞机开始滑行，机舱里却很安静。

所有人都好像忘了这个仪式。

3

和张昕宇、梁红相识，是 2014 年初的冬天。那时，他们刚驾驶帆船，行驶了 2 万多海里抵达南极，还在中国长城站办了一场婚礼。彼时真人秀方兴未艾的中国互联网，《侣行》这样一档没有明星、没有导演、只单纯讲述普通人的节目，意外地出现，并让两人开始为人所知。

前两季的《侣行》留给我的印象：张昕宇是个胖子，健谈，爱机械，活力充沛，有种北京娃不褪的顽皮劲儿，也有着多年经商和行走留下的精明；梁红则一直在笑，是北方姑娘的爽朗。视频里的两个人，进火山，过冰川，走遍了世界上的奇异之地，似乎天不怕地不怕。

在北京中关村的一间摄影棚，我看见的却是一个在哭的梁红。灯光下对着镜头，他们正回忆抵达南极的过程。几个小时的采访里，梁红反复说起的是两个词。

一个词是敬畏。过北半球西风带时，最高的浪有6米，两层楼高，常常是这一秒还在楼顶，下一秒就摔到浪底；过德雷克海峡时，张昕宇几晚没睡觉，盯着雷达，周围都是沉默却危险的冰川，海底躺着上百条在这里倾覆的沉船。

另一个则是接受。抵达南极前的一站——智利的圣地亚哥，面对接下来恐怖的南半球西风带，同行的6个船员，有3个人选择了离开。

港口上，张昕宇和梁红一个个拥抱下船的队员。梁红说，正是因为走过了东海的雷暴、白令海的风浪、出荷兰港的北太平洋风团，她开始理解他们的选择。

最开始认识，我也会问张昕宇，是不是有点太疯了。这个胖子却翘起眉毛、不以为然，说以前的自己更疯狂。他打开手机，给我看了两段视频，一段是飙车的镜头，轮胎与地面剧烈摩擦，扬起渣一般画质也能清晰可见的烟雾和沙尘；另一段视频被取名为"史上最牛放鞭炮"，那是他开着自己的直升机，尾巴挂上两串10米长的鞭炮，飞机升起，鞭炮噼里啪啦炸响。

那是大概十年前，他们成为"富一代"后的生活常态。1998年，张昕宇从部队离开，拿着2万退伍费，开始了与梁红的创业之旅。

从摆冷饮摊开始，到卖羊肉串、承包公共厕所、自制豆腐机，再到后来凭借在机械上的天赋，进入首饰加工业，做起机械出口外贸的生意。如同2000年后又一轮经济大潮中迅速积攒财富的中国人一样，张昕宇和梁红也在短短几年内成为千万富翁。

最多时，夫妻俩同时运营数家公司，员工最多2000多人，钱多得“可以堆满半个会议室”。赚钱是那时两人生活的全部。一个月可以用掉30张机票、12张火车票、2张船票。2004年到2007年，张昕宇没在床上完整睡过一个觉，大多在交通工具上度过。

改变的导火索来自2008年的四川地震。看了几天电视，当兵出身的张昕宇坐不住，带上600公斤的物资和10个人的队伍就赶去了汉旺。

北京四环，车水马龙，张昕宇握着方向盘，跟我说起了他如何用往复锯、液压件、千斤顶，挖出了10多具尸体。一个工厂宿舍旁，他操作的凿岩机却不小心，砸进了一个女孩的身体里。女孩的父亲就站在一旁。

10多天里，嗅到的都是死亡的味道，绷不住的他开始大哭。那个父亲却没有责备，而是走过来，静静说起22岁女儿的一生。

人的转变，或许是更多复杂元素的碰撞。四川归来，重入繁华，这个30多岁的男人并没有变得更乐观，扑面而来的都是负面情绪。奔波几年的疲惫被点燃，他变得暴躁，患上了严重的抑郁症，甚至一度站在桥边，觉得所有人都想害他，想要自杀。

6岁就认识的梁红，一直陪着他。在家里待了几个月，张昕宇问梁红，再赚钱，也成不了比尔·盖茨。要不咱换个活法？梁红说，好。

4

加入《侣行》这个团队时，我刚从原来的报纸离开。这工作似乎满足了一个记者所有的好奇和冲动：全世界乱跑，还都是沙尘与奇异之地。

可没过多久，新奇就转化为在路上的千百种烦琐：租车、找先导、扛摄影机、每天开车找人跑上1千多公里，或是坐在颠簸的小飞机落在荒无人烟的半岛。也包括刚抵达阿富汗的机场就被扣押，因为我携带了一架用于拍摄的无人机，而此前两天有人冲进这里，引爆了一枚汽车炸弹。

我将其称作辛苦与危险，张昕宇和梁红却将之视为生活。为了准备环球飞行，他们花了半年时间，在大兴安岭深处的密林上空练习飞行，包括7款固定翼飞机与2款直升机的驾驶；张昕宇此前几个月的行程，还包括研究破冰船、学习天体动力学、自制特斯拉线圈，在10平方米的铁皮屋子中研究真空环境下金属颗粒的燃烧特性。

他们都出生于20世纪70年代，父母都在石油部管道局工作，张昕宇自小就跟着走南闯北的父亲修理汽车，父子俩还鼓捣出了北京第一辆水陆两用汽车；18岁的梁红学开车，第一件事就是踩着高跟鞋，被张昕宇逼着换轮胎。

2008年决定环游世界，两人花了4年时间，拿下了帆船、直升机、滑翔伞等20多个证件。张昕宇身上有传统中国人少见的科技狂人的一面——他看上去比谁都像疯子，却对“说走就走”的行走嗤之以鼻；处女座的他，会在每一次探险前列出所有的意外与备案。在他的脑子里，似乎一切都可以用数学公式、化学元素、物理方程式来计算。

数字是他理解世界的方式，2015年6月，张昕宇决定开车5000公里，前往阿富汗的巴米扬大佛。这座曾经世界第一高的立佛，在2001年被塔利班用炸药毁为碎片。他想用3D建筑投影还原它。

黄沙飞扬的路上，张昕宇告诉我：拖车里装着的投影机亮度为60万流明，这相当于60万颗蜡烛燃烧或20个IMAX电影放映机的亮度；在他的计划里，当1张A4纸大小的胶片，投射出接近1600平方米的金色光影，50公里以内的阿富汗人都能看见毁于战火14年的大佛，重又在山谷亮起。

他甚至试图计算危险与生死。为了前往巴米扬，张昕宇雇了3辆防弹车、接近40人的安保部队；细致安排了100公里内的恐怖分子如若看到大佛亮起，团队如何撤退。他甚至想到了自己的头会被悬赏多少美元。

这个退伍兵、商人、探险家，很少表达自己柔软与感性的一面，我所看见的唯一一次，是在安装投影仪的 10 米高的脚手架上。沉寂十余年的巨大空洞，重在黑暗里被照亮，围观的上千名阿富汗人一阵尖叫与欢呼，继而是长久的凝视。

在阿富汗一个多月，所见的都是战争与血色，这是我们第一次见到这么些笑容。看着脚手架下的人们，张昕宇红了眼眶。

他的高兴甚至带着一些愤怒，“塔利班干了这么多坏事！”

5

光影还原巴米扬大佛，张昕宇付出的代价是：超过 100 万的器材与运输费用，超过 100 万的安保费用，以及超过 200 万的飞机租借费用——大佛亮起后，团队收到了联合国的警报，无法由陆路离开阿富汗，只能紧急租借一架伊尔 76 运输机前往伊拉克。

也包括在北京工作室调试投影仪时，因为亮度太大，所导致的眼角膜脱落。

2008 年有了人生掉头的决定，张昕宇和梁红定了 1 个十年的计划：5 年用来筹备，另 5 年用来行走；随后，两人把公司所有的资产盘算了一遍，先缩减人员规模，卖掉该卖的，再和公司经理定了一个运营计划，从中抽身而出。

最后，两人算了算多年的积蓄，定下了一个预算接近 1 亿的环球旅行计划。

曾在优酷担任制片人的周茵还记得，她在 2013 年的一次朋友聚会，认识了张昕宇。那时他刚结束了第一次环球旅行，换来了 300 个 TB 的视频素材。那些在 1190 摄氏度的火山旁举着红旗、在零下 50 度的极寒中眉毛挂着兵渣子的画面让周茵震撼，经由她推荐，以及前优酷土豆集团副总裁李黎的帮助，有了后来的《侣行》。

节目第一季，花费上千万，都是张昕宇夫妇自己支付；第二季整体花费超过3000万，单是一艘帆船就用掉了180万欧元，改装费用则是700万；第三季的费用更高，甚至难以计算具体数额。与外界想象不同，品牌赞助与播出平台方的制作费，其实并不能抵消一半的成本。

侣行数年，张昕宇和梁红常这样自嘲：“别人都说我们是土豪，这几年走下来，或许只剩‘土’，没有‘豪’了。”他们也会感谢日益高涨的北京房价，因为卖掉了双井的房子，能多走世界的一些地方。

我也会问张昕宇，这样值得吗？他说，这钱我自己挣来的，再花掉，没什么值不值得。我以前买过50多台二手车玩漂移，也没有觉得更开心。

梁红一直认为这些年最值得的一笔花费，是在开帆船去南极的路上，眩晕与风浪中，用数十万的卫星流量费，一条条打开网友的留言。留言里有退伍的老兵、边疆的警察、留学的少年、监狱的前囚犯、刚面试失败的大学生。在她看来，走得越远，却越在乎微小的回声。

马达加斯加密林的帐篷，或是阿富汗的安保营地里，我所看到的张昕宇最大的喜好，也是一条条翻看微博里的留言，偶尔，他会递来手机，给我看新疆某个学校的老师在课堂上放起《侣行》。

张昕宇并不隐瞒自己所在乎的“名声”和“责任”。父母一辈子在国企工作，自己1996年入伍，1998年参与抗洪救灾，他总自认为有着比较传统的价值观。节目第一季上线时，他还记得打开网站，首屏9个节目，除了《侣行》，都是韩国或韩国引进的娱乐节目，“这节目不容易，它要活下来”。

张昕宇已到了不惑之年。在他看来，踏上行程再到今天，自己和妻子一直在慢慢改变。一开始，闯下火山或在极寒中露营，他还抱着证明“中国人不是不能，而是不想”的想法；走的路越多，却越来越少了证明的冲动，只希望见到的天地更开阔些。而这样的改变，他希望告诉更多人。

6

2014年10月，台湾甲仙，张昕宇到这里参与当地救难队的灾难训练。甲仙多年来地震不断，甚至一个400人的村子被泥石流裹挟，埋在了50米深的沙土里。然而，救援队还有我们所见的甲仙人，却依然尝试在这里重建生活。

那时张昕宇刚结束了一年2万公里的帆船远行。训练的间隙，张昕宇蹲在路边，眼前布满碎石瓦砾的山坡还留着地震冲刷的痕迹，这总让他想起2008年的汉旺。也正是在那场灾难后，他重新打碎了、并再拼凑出这六年的人生。

抽着烟，这个走进不惑之年的胖子，跟我聊起了下一个10年的计划：一是他和梁红该要孩子了。他俩把孩子的名字都取好了，男的叫张梁洪宇，女的叫张梁红宇。

另一个计划则是，六年了，跑世界，以后不一定跑得动了。他想要复制更多的“270”；或者说，每年帮助更多年轻人去探索世界，复制更多的“侣行”。

当时的我觉得这个计划太过庞大，且过于天真。此后3年，我却看到张昕宇越来越忙：他成立了环宇传媒，类似马东的米未传媒，定位是制造更多真实世界的纪实影像；选择与腾讯及深圳卫视合作，推出2017年环球飞行的新节目《我们的侣行》，希望用更大的平台能触达更多的人。

兜兜转转，抛下公司，个人行走，再到成立公司，想集结更多人。商人出身的他，也开始重新拥抱商业，包括全世界租车，满足客户的植入需求；与垂直网站与品牌合作，推出《张梁记》等更多的视频节目。

《侣行》第一季，并没有商业植入，一开始甚至还有广告商问：“真死了怎么办？”再到后来，第二季有了奔驰的冠名，第三季招商收入达到了5000万。在张昕宇看来，有了更多的资金支持，才能带更多人一起玩。

张昕宇的计划里，甚至包括了学习大型破冰船的驾驶，他想要招募100多个中国年轻人，去南极，进北极点，走遍世界所有奇异的岛屿。

这艘环游世界的船，张昕宇希望装上更多的重量。他还是船长，只是这一次，他想送更多的年轻人抵达梦想之地。

2017年的冬天，前方每日发来的照片和日志里，我看见张昕宇和他的伙伴们，开着飞机，落在荒凉的堪察加，飞过冰冻的白令海；也在不到一个月的飞行里，经历了油汞故障、机体结冰、天线松落等诸多危机，飞机常是急速下坠五百英尺，又再次艰难爬升。

这一切没有导演、没有剧本，没人知道下一刻会发生什么。就像张昕宇也从来没有计算到，许多年前每天在汽车修理铺看人修车的孩子，会走到了今天。那时他特别喜欢背着一根塑料的剑上学，每个人都拿看怪物的眼神看他，但他一直觉得自己是个骑士。

作者 / 范承刚，前南方周末记者、《我们的侣行》策划总监

第四章

风云事纪

面临一个注意力全面迁徙的大时代，当剧集、综艺这两项最能直观反映成绩和整体实力的数据越发萎缩，内容影响力和观众都在全面消失的卫视还有翻盘的机会么？

01

五大卫视大洗牌，电视迎来至暗时刻

为了看清2018年五大卫视的格局，我们对其最为重要的剧、综艺做了全面的数据收集，扫描其稳定观众大盘和原创商业能力，试图理出一篇可以清晰看见其概貌的解析文章。

先看以下几个简单的结论。

1. 剧集收视表现全面下滑，破1数量大幅缩减

2018年平均收视（csm52城，下同）破1电视剧14部，其中湖南、东方、江苏、北京四大卫视分部贡献了2部、5部、3部和4部，浙江卫视缺席。这个总量相比2017年减少了一半，要知道，去年湖南卫视还有10部收视率破1的电视剧，剧王《人民的名义》掀起全民追剧模式。

2. 原创综艺成绩大幅跳水

2017年五大卫视有29部季播综艺收视率破1，而浙江卫视《奔跑吧》《中国新歌声2》还以2+的平均收视率保住了自己在综艺方面的优势。然而2018全年只有11部综艺的收视率能过1，综艺大台浙江卫视季播综艺收视率出现大跳水，从15部锐减至3部，相比之下湖南卫视从6部跌至4部，东方、江苏1档节目的跌幅就显得小巫见大巫。

更为戏剧的是，许多综艺不知不觉消失于我们的视线中，最明显的便是2017年蜂拥而起的慢综艺。包括浙江卫视《漂亮的房子》、东方卫视《青春旅社》等等，播了第一季就再也没有了后续。

52城1月1日——12月31日全天收视4+			
排序	频道	收视率%	市场份额%
1	中央电视台综合频道	0.372	4.007
2	中央台四套	0.354	3.821
3	中央台八套	0.293	3.162
4	中央台六套	0.287	3.095
5	中央台五套	0.256	2.761
6	中央台三套	0.244	2.626
7	中央电视台新闻频道	0.223	2.408
8	北京卫视	0.223	2.406
9	湖南卫视	0.213	2.292
10	上海东方卫视	0.211	2.274
11	浙江卫视	0.209	2.253
12	江苏卫视	0.187	2.022
13	中央电视台少儿频道	0.124	1.341
14	湖南电视台金鹰卡通频道	0.124	1.334
15	山东卫视	0.116	1.251
数据来源：@卫视这些事儿			

在内容表现的极速下跌中，多年来卫视平台唯湖南马首是瞻、浙江卫视千年老二的格局也出现了动摇。根据网络发布的2018全年CSM52城平均收视率，北京卫视以0.223的成绩略胜湖南卫视一筹，而第三名的东方卫视已经与昔日老大——芒果台不分伯仲，被戏称为“二台”的浙江卫视沦为第四，江苏卫视在五大卫视中垫底。

面临一个注意力全面迁徙的大时代，当剧集、综艺这两项最能直观反映成绩和整体实力的数据越发萎缩，内容影响力和观众都在全面消失的卫视还有翻盘的机会么？

电视剧：话语权的转变

电视剧行业有一个约定俗称的大小年之分，逢双是小年，电视剧品相不好、收视不高。2018 年逢双，便是整个电视剧行业不温不火的一年，电视剧市场上，一直没有出现一部可以在话题度上跟《延禧攻略》PK 的大剧，内容上不强，自然表现在收视上。

2018 年只有 14 部电视剧平均收视率过 1，相较 2017 年数量减半。

要知道，2017 年剧王《人民的名义》收视破 3，收视破 2 的电视剧也有《那年花开月正圆》及《我的前半生》。即便除去特定产物《人民的名义》，东方卫视《那年花开月正圆》也能以 2.85 的收视率位居第二。

但这种超高收视的现象在 2018 年消失不见。

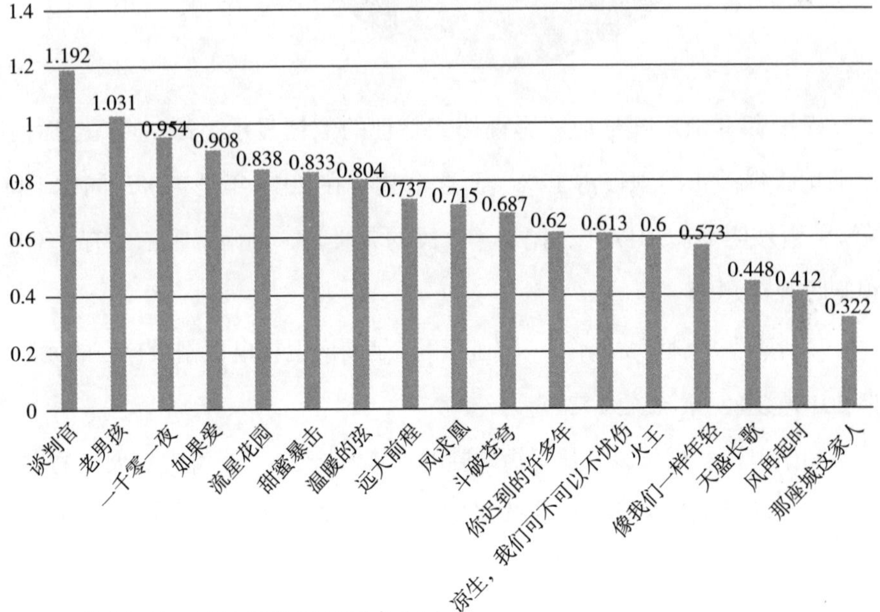

■ 湖南卫视2018年电视剧平均收视率（%）

以号称最懂年轻观众心理的湖南卫视为例，2018 年拿得出手的成绩寥寥无几，收视第一的《谈判官》仅 1.192，《老男孩》勉强过 1，其余都未过 1。

“扑街”的那些大剧，很多在年初赚足了话题，比如新晋小鲜肉参与的《流星花园》、顶级流量加持的《甜蜜暴击》，还有青年偶像主导的《温暖的弦》。

湖南卫视2017、2018平均收视破1电视剧占比

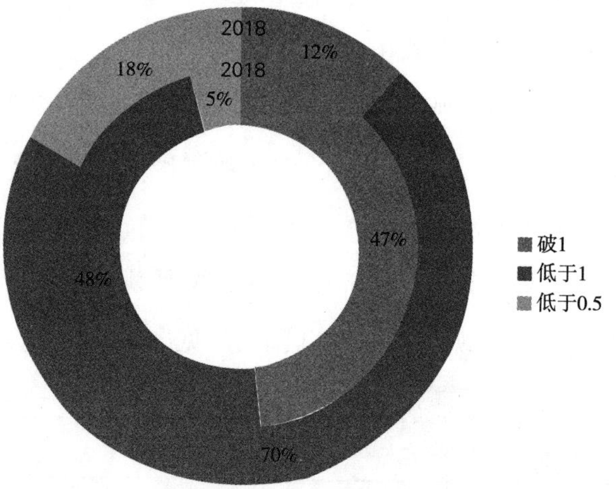

娱乐资本论矩阵号河豚影视档案整理的数据显示，2018 年，湖南卫视平均收视破 1 的剧仅占 12%，而这个数字在 2017 年是 47%，同比下降 30%，滑坡明显。2017 年，抛却《人民的名义》，湖南卫视依然有 9 部电视剧收视良好。

“青春”“女性”“偶像”“狗血家庭”是湖南卫视电视剧最核心的元素，但 2018 这些元素统统失灵。

湖南卫视尝试了以家长里短取胜的《如果，爱》、小鲜肉扛大旗的《斗破苍穹》《凤囚凰》、言情大作《凉生》《温暖的弦》，甚至是又红又专的改开大作《你迟到的许多年》《那座城这家人》。Whatever，这些作品无一例外在收视率和话题上败下阵来。成也青春、败也青春，湖南卫视服务的核心受众年龄在 16–24 岁之间，但各种新式互联网产品的兴起无疑以不同的方式分割了其受众，不仅仅是视频平台。

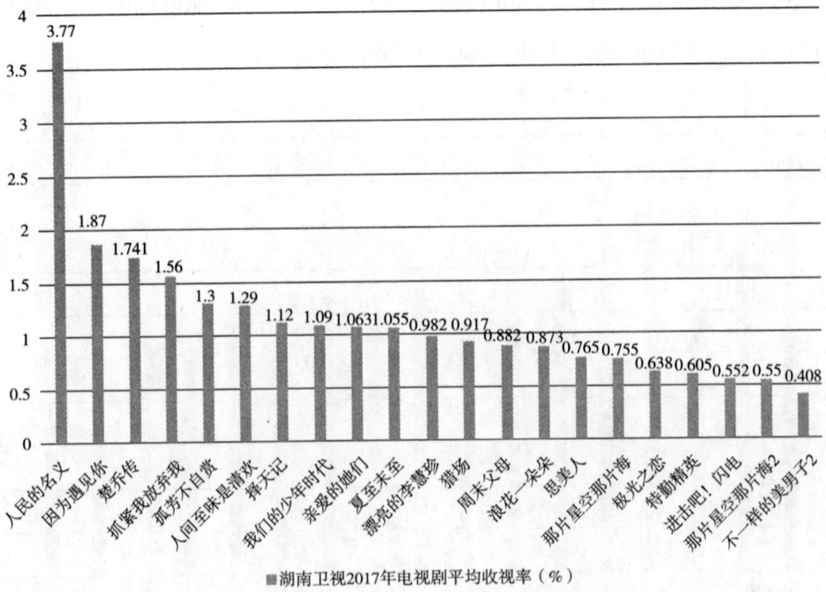

同样的尴尬出现在浙江卫视上。2017 年浙江卫视尚有《欢乐颂 2》《三生三世十里桃花》两部平均收视率破 1 的剧为其撑起电视剧门面。

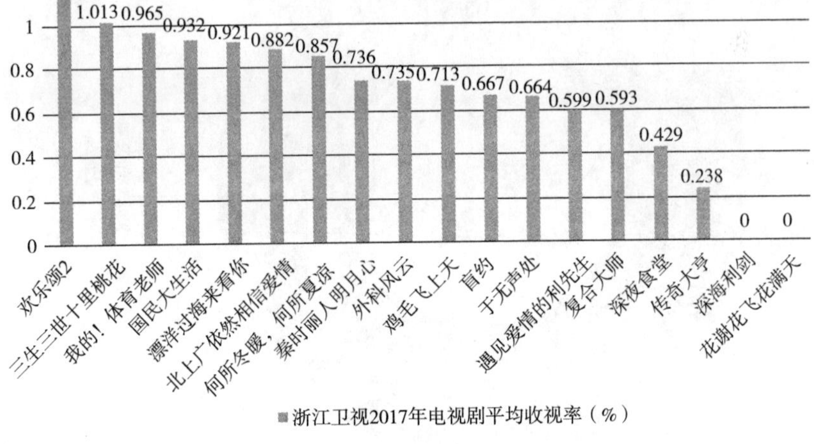

到了2018年，竟没有一部电视剧可以拿得出手，收视最高的《和平饭店》仅有0.9，被寄予厚望的大戏《创业时代》难当大任。

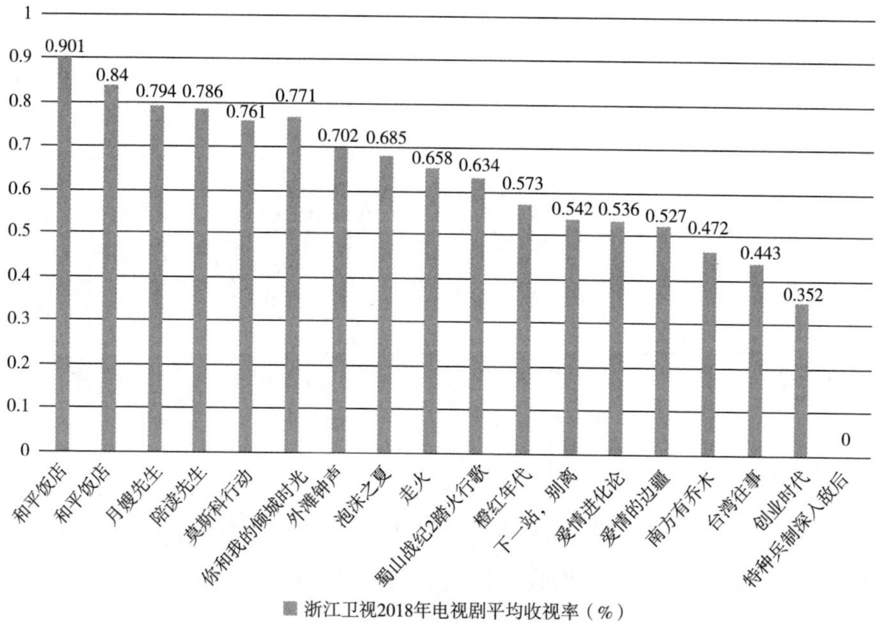

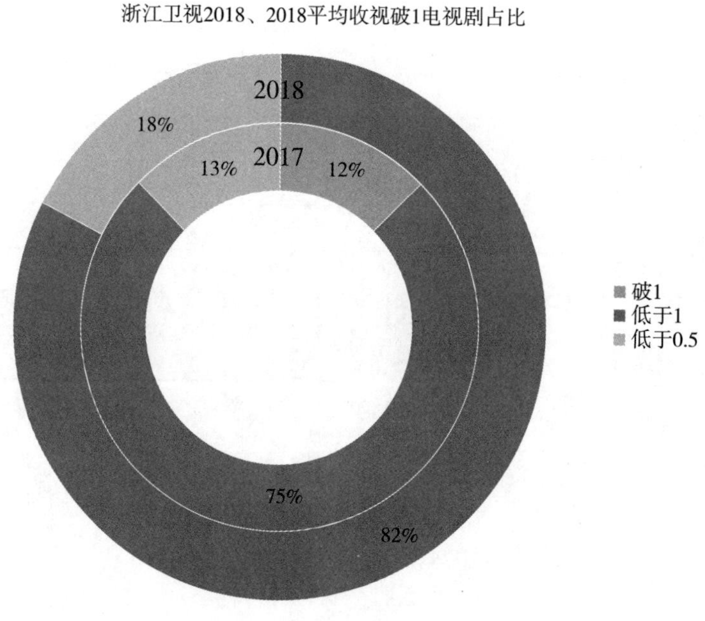

大约浙江卫视把所有心思都放在综艺节目的铺排上了。浙江卫视“偏科”现象由来已久，随着以《中国好声音》、“跑男”为代表的综艺节目的爆红，浙江卫视开启综艺立台之路。事实上，2018 年其在综艺方面的成绩确实超越其他四大卫视，但剧集的表现差强人意也是有目共睹。

相较于大落的湖南卫视和浙江卫视，东方、江苏较为平稳。以《恋爱先生》为代表的多部平均收视破 1 的剧集使东方卫视成为去年剧集成绩最亮眼的平台。

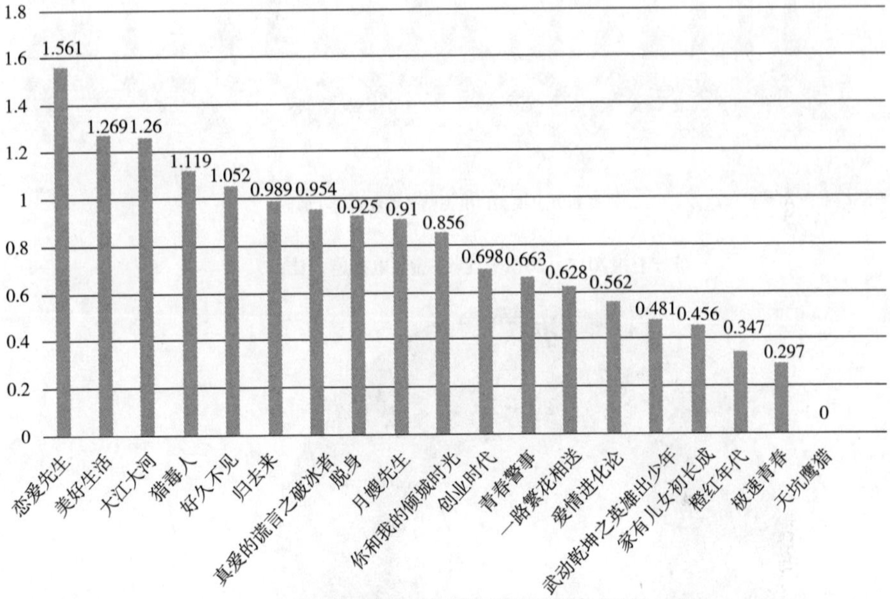

■ 东方卫视2018年电视剧平均收视率（%）

多年来，背靠上海这座现代化超级都市，东方卫视形成了以剧为核心的播出内容，培养了相对忠实、稳定的受众群，都市言情、偶像、生活，偏年轻化的电视剧即便同一时间在东方卫视及其他平台播出，前者总能在收视率上略高一筹。以 2017 年的年代商战戏《那年花开月正圆》为例，其在东方卫视的平均收视率高达 2.85，而在江苏卫视的收视率仅为 1.83；都市情感剧《我的前半生》在东方卫视的平均收视率比北京卫视高出将近 0.8。

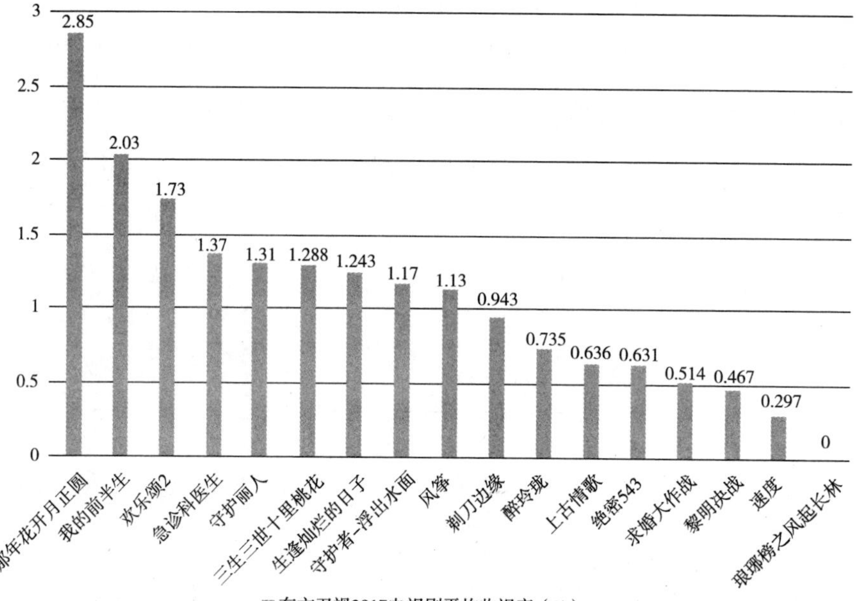

东方卫视2017、2018平均收视破1电视剧占比

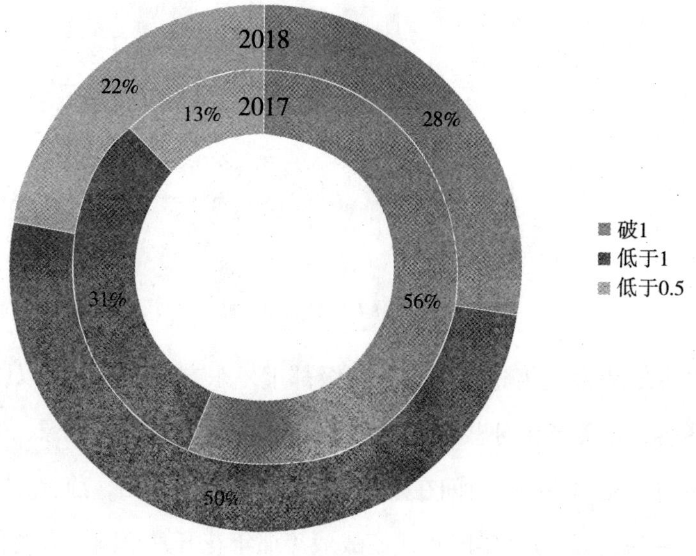

到了 2018 年，东方卫视依然保持了这种优势，前段时间收官的《大江大河》在东方卫视取得 1.26 的平均收视，而在北京卫视则为 0.87；剧王《恋爱先生》也较江苏卫视高出 0.5 个百分比。时髦的上海电视观众对都

市情感剧的热爱始终如一。但与自身相比，东方卫视剧集出现收视普遍下跌的现象，破 1 剧集占比相较 2017 年减半。

2018 年的江苏卫视和 2017 年的自己相比，大约只差一部《那年花开月正圆》的距离，除此之外成绩相对平稳。

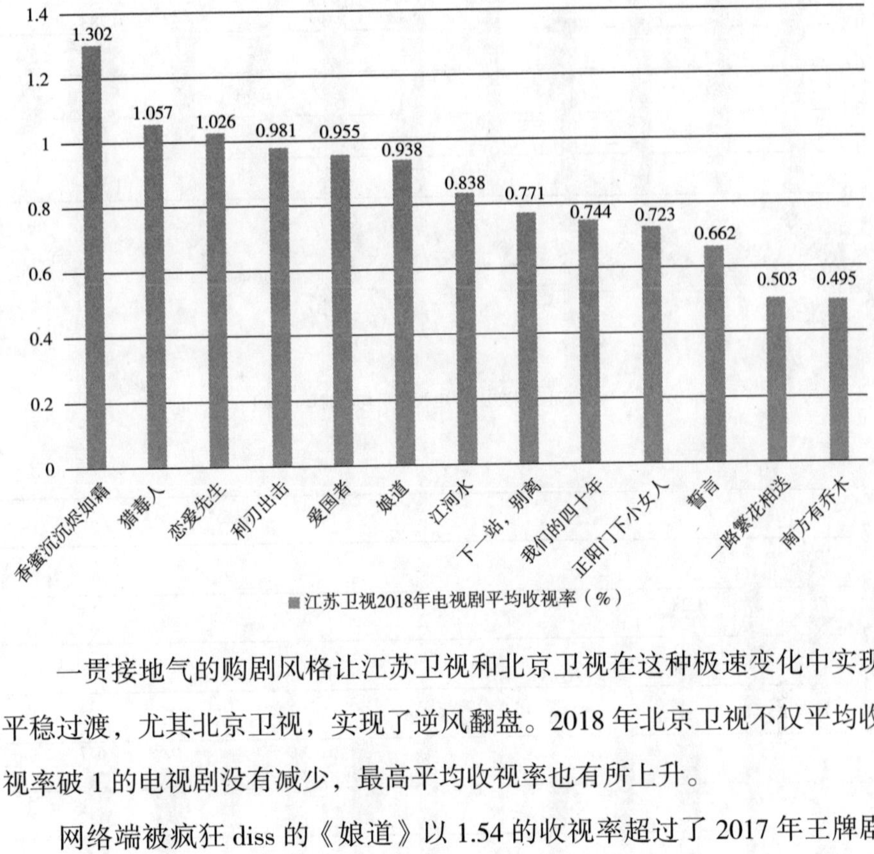

一贯接地气的购剧风格让江苏卫视和北京卫视在这种极速变化中实现平稳过渡，尤其北京卫视，实现了逆风翻盘。2018 年北京卫视不仅平均收视率破 1 的电视剧没有减少，最高平均收视率也有所上升。

网络端被疯狂 diss 的《娘道》以 1.54 的收视率超过了 2017 年王牌剧集《生逢灿烂的日子》。类似《娘道》《正阳门下小女人》《幸福一家人》这种具有年代感、家长里短、颇具本土特色的剧目深受其受众喜爱。

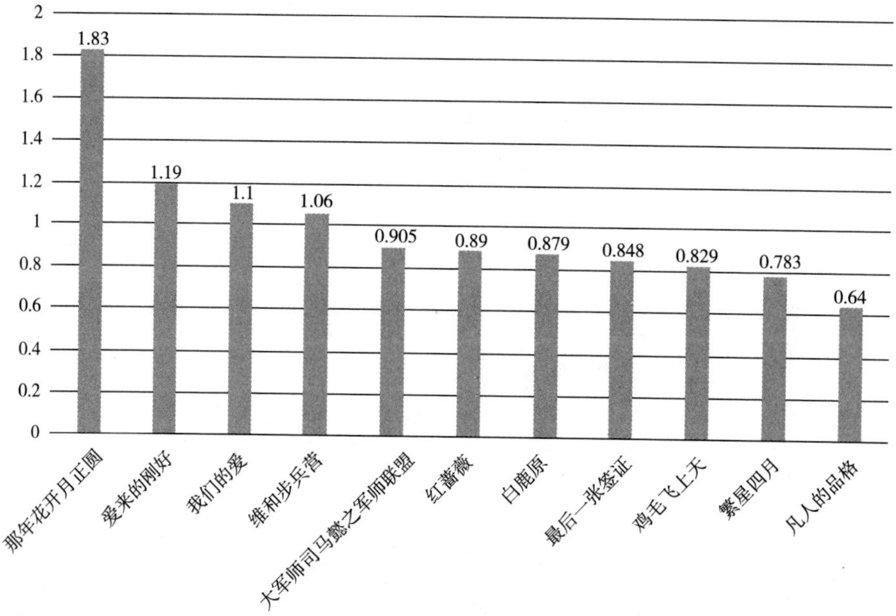
2
1.8
1.6
1.4
1.2
1
0.8
0.6
0.4
0.2
0
1.83
1.19
1.1
1.06
0.905
0.89
0.879
0.848
0.829
0.783
0.64
那年花开月正圆
爱来的刚好
我们的爱
维和步兵营
大军师司马懿之军师联盟
红蔷薇
白鹿原
最后一张签证
鸡毛飞上天
繁星四月
凡人的品格
江苏卫视2017年电视剧平均收视率（%）

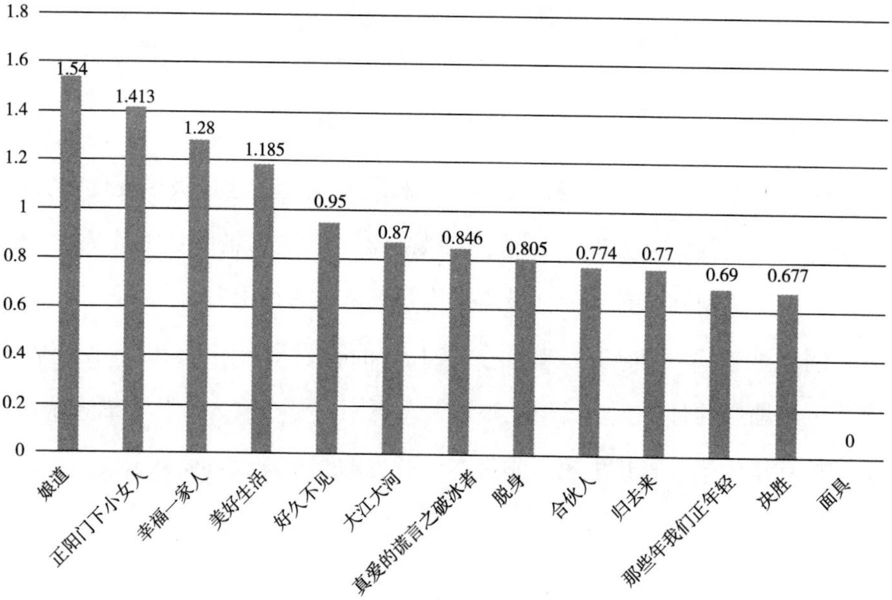
1.8
1.6
1.4
1.2
1
0.8
0.6
0.4
0.2
0
1.54
1.413
1.28
1.185
0.95
0.87
0.846
0.805
0.774
0.77
0.69
0.677
0
娘道
正阳门下小女人
幸福一家人
美好生活
好久不见
大江大河
真爱的谎言之破冰者
脱身
合伙人
归去来
那些年我们正年轻
决胜
面具
北京卫视2018年电视剧平均收视率（%）

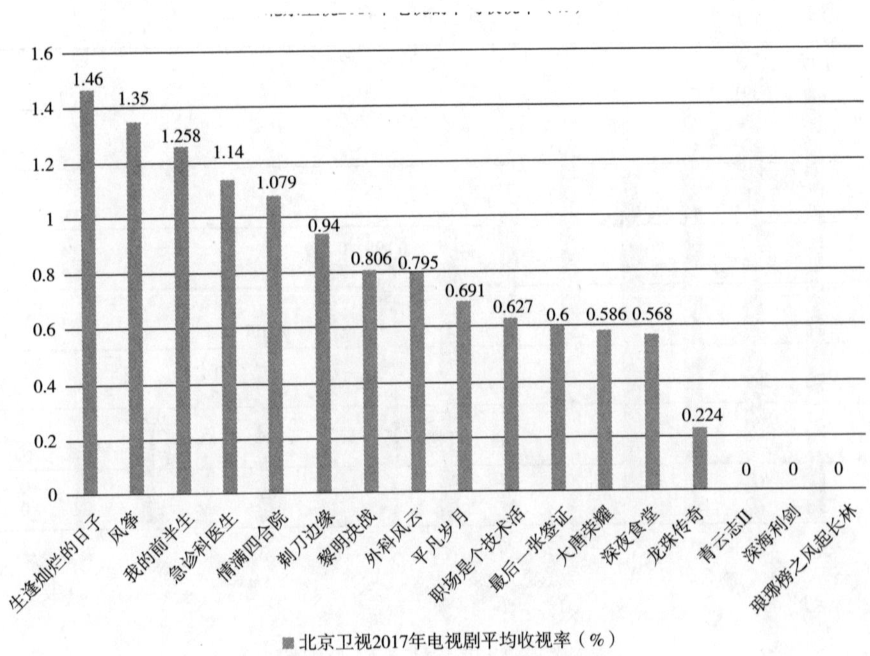

综艺篇：集体失灵

大趋势不可逆，五大卫视 2018 年季播综艺收视率也迎来大幅缩水。最高平均收视率从 2.8 跌至 1.9，平均收视破 2 的综艺节目不复存在，那些动辄最高收视破 3、破 4 的高光时刻早已不可追。

2017 年湖南卫视有 6 档平均收视破 1 的季播综艺，以《向往的生活》为代表的慢综艺成为湖南卫视的救命稻草。

彼时《歌手》不景气、《爸爸去哪儿》早已转入芒果 TV，湖南卫视急需一档差异化产品作为辅助。《向往的生活》《中餐厅》勉强担起重任，其他科技、文化乃至脱口秀节目并没有给湖南卫视增加影响力。

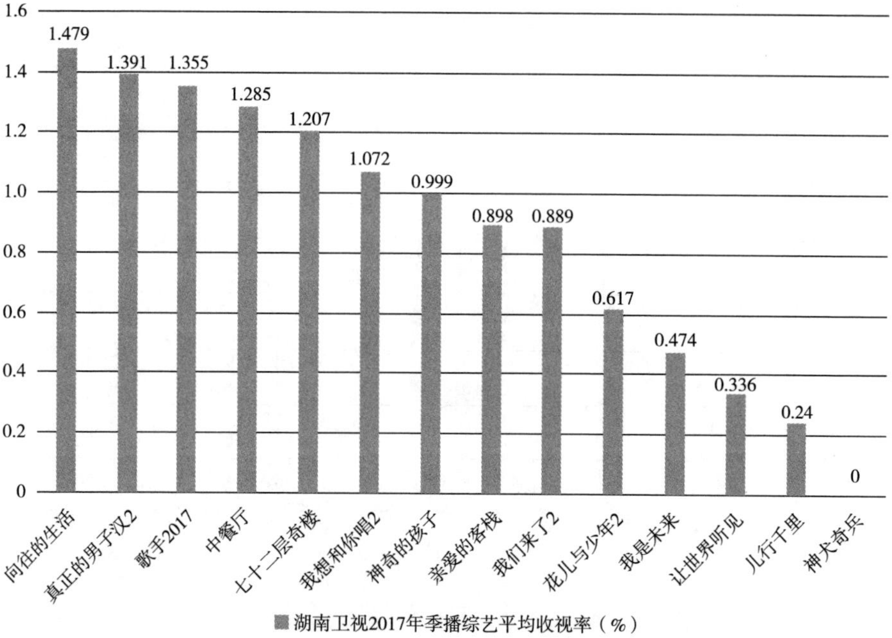

到了2018年，湖南卫视在季播综艺上的表现更加让人唏嘘。只有《向往的生活2》和《歌手2018》成功突破1的平均收视，其他节目不痛不痒。

湖南卫视2017、2018平均收视破1季播综艺占比

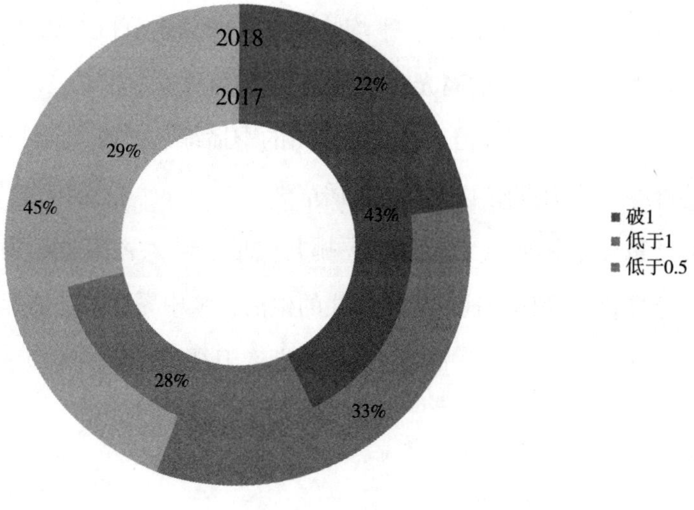

过去一年，湖南卫视的综艺布局发生重大变化，舍弃了原先偶像明星堆砌的路线，转而以更高端、高雅、高级的节目破釜沉舟，但效果并不明显。网络端话题度颇高的《声临其境》《幻乐之城》《声入人心》等节目却在电视端表现出吸引力不足的问题。

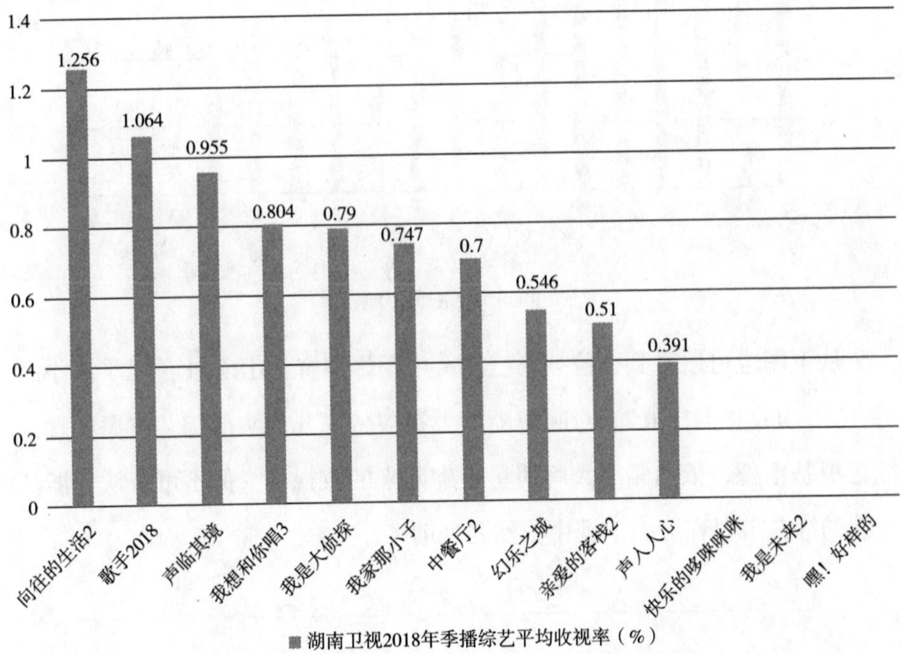

湖南卫视在综艺部分最大的竞争对手——浙江卫视综艺节目的高光时刻在2017年出现，随后同样迎来不可逆转的颓势。2017年浙江卫视综艺数量、品类大爆发，单平均收视率过1的综艺便高达15档，星光熠熠的《奔跑吧》《王牌对王牌2》《二十四小时2》更是实现1.5以上的平均收视。

但进入2018年，浙江卫视仅《奔跑吧2》在内的三档综N代平均收视破1，其中《王牌对王牌》成为异类，逆势上扬了0.3。而多的是平均收视率下滑0.3–0.5的综二代、三代。超过80%的周末档综艺平均收视率不过1。

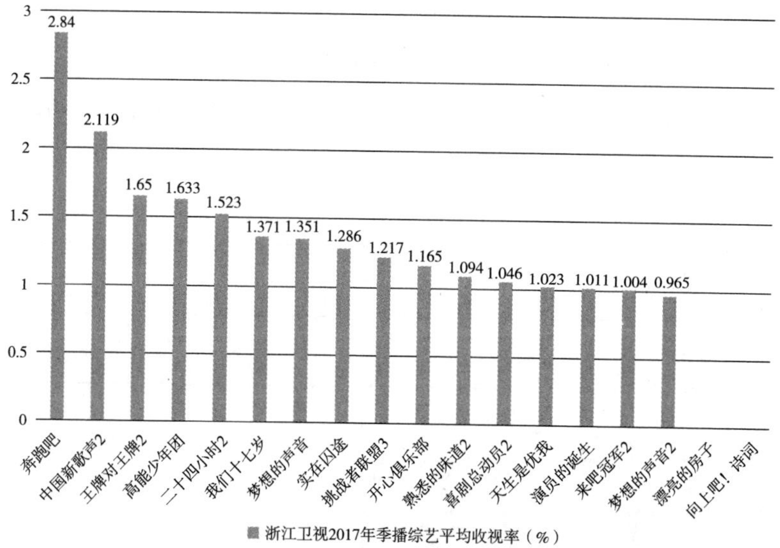

从下图也可以看到，位列第三的《中国好声音 2018》比《二十四小时 3》的平均收视高出 0.7，意味着浙江卫视仅依靠几档头部综艺支撑，腰部综艺根基不稳，依然是靠大牌明星堆砌起来的收视率。但不可否认，浙江卫视的综艺节目在五大卫视中依然名列前茅。

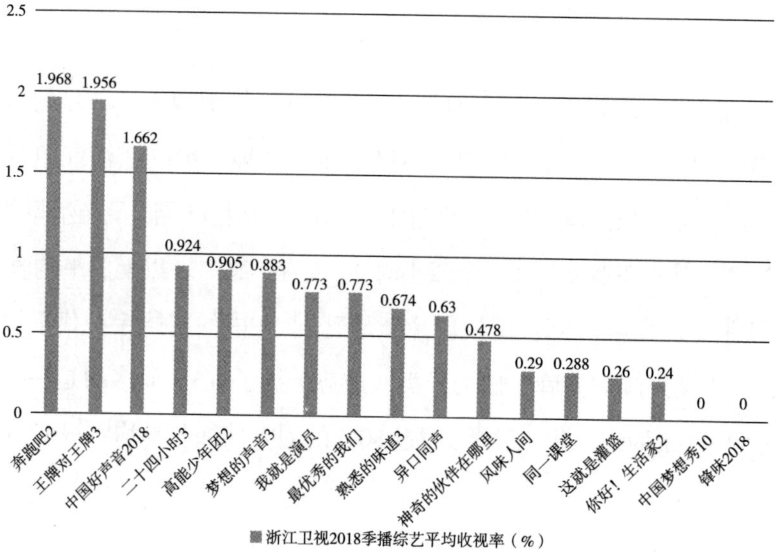

相较之下，东方、江苏和北京三大卫视两年来季播综艺的成绩并没有急剧的变化。其中，东方卫视《欢乐喜剧人 4》较上一季的平均收视降低了 0.4，另一档王牌节目《极限挑战 4》则上升了将近 0.1，重启的《新舞林大会》也算交出合格的成绩单。

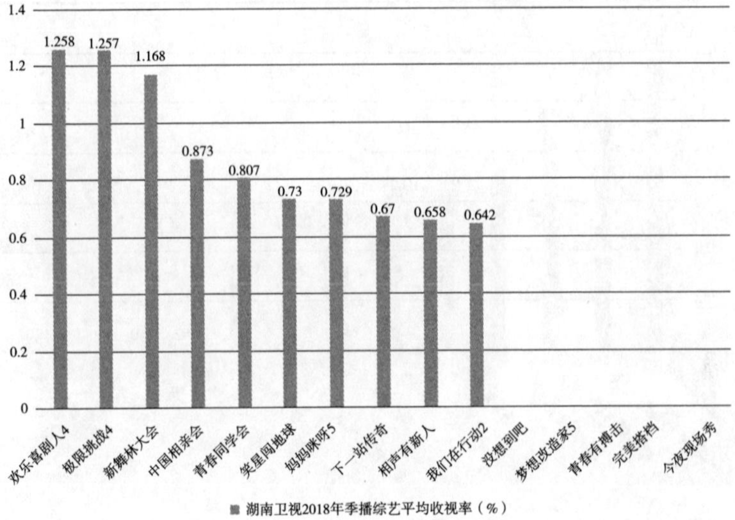

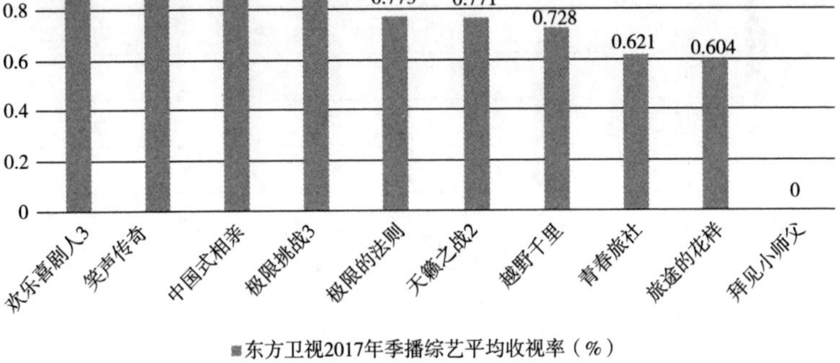

但其在内容布局上发生了不可忽视的变化。东方卫视引以为傲的喜剧节目目前只有《欢乐喜剧人》系列依然坚挺，新孵化的《相声有新人》《笑星闯地球》收视不佳，试图跟风布局偶像选秀的《下一站传奇》也败下阵来，如何打造出属于自己的独有标签成为东方卫视的当务之急。

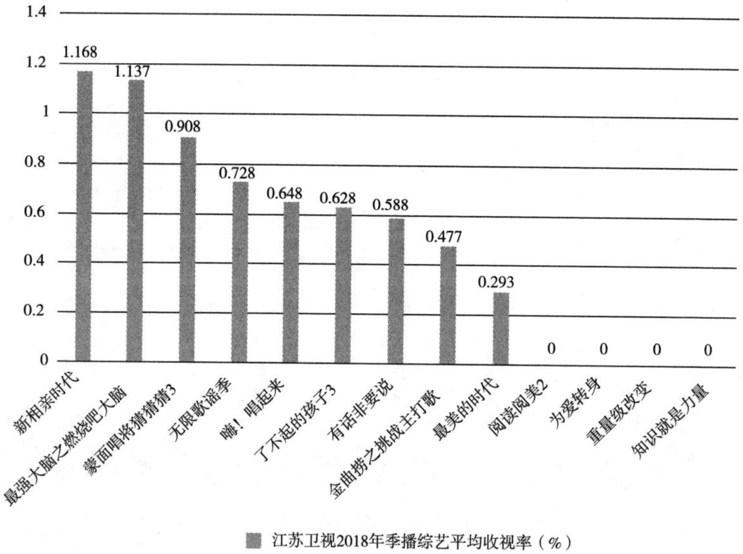

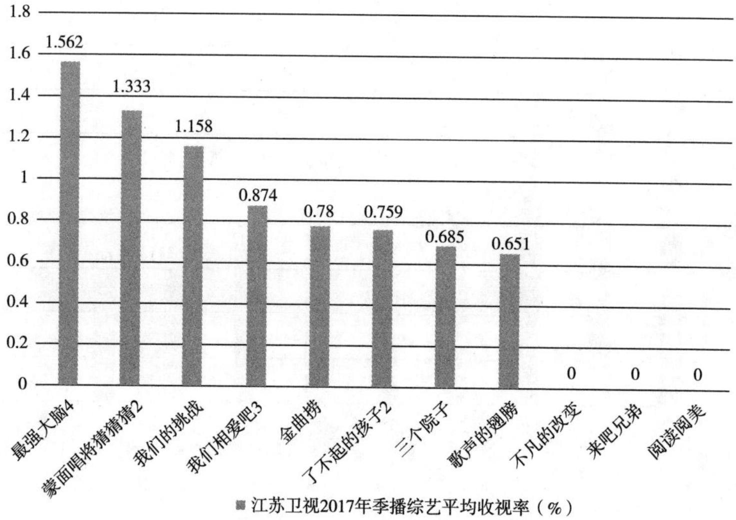

同样需要在过往成绩上迅速找到新血液补充的还有江苏卫视。2018 年，江苏卫视高收视综艺节目同样有所减少，以《最强大脑》《新相亲时代》为代表的节目扛起大旗，收视勉强过 1，但 50% 的节目收视低迷，40% 的节目查无此综。

这自然不是江苏卫视一家的尴尬现象。剧集方面十分优秀的北京卫视却频频在综艺节目上碰壁。数量少、声量低是北京卫视多年来在综艺节目上的心病，2018 年依然没有解决。

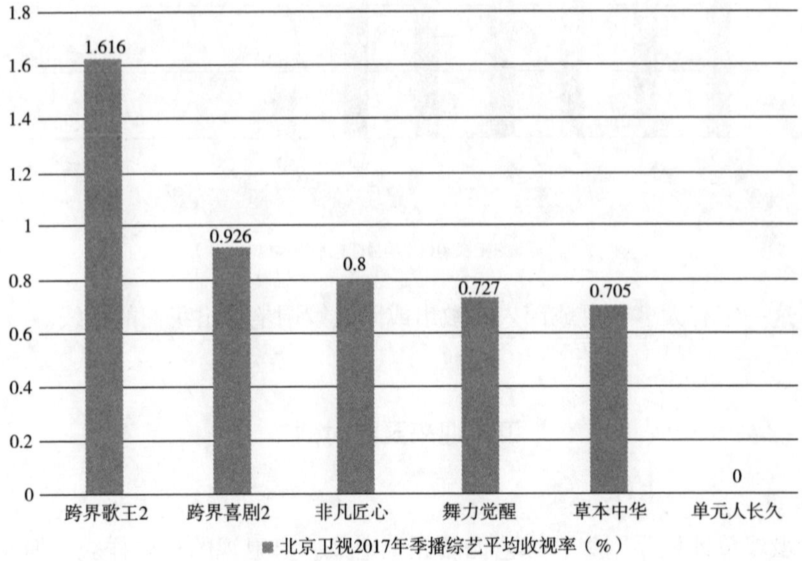

但北京卫视无疑是五大卫视中收视最为平稳的一家，除《跨界歌王》系列下滑了 0.5，《跨界喜剧王》《非凡匠心》等节目的收视率几乎与上一年持平，受众忠诚度极高。

一个有趣的现象是，许多综艺不知不觉消失于我们的视线中，昙花一现之后在综艺市场隐退，最明显的便是 2017 年蜂拥而起的慢综艺。彼时浙江卫视《漂亮的房子》、东方卫视《青春旅社》跟风《向往的生活》《亲爱的客栈》扎堆上线，但收视率并不如意，大多在 0.6 左右，最后草草收官，不见第二季；湖南卫视曾斥巨资打造的女神云集的真人秀《偶像来了》（后改名《我们来了》）也终于在四季之后不见踪影；虽然“无尾熊 cp”的热度还在，但江苏卫视明星假象恋爱真人秀《我们相爱吧》却已经停播……

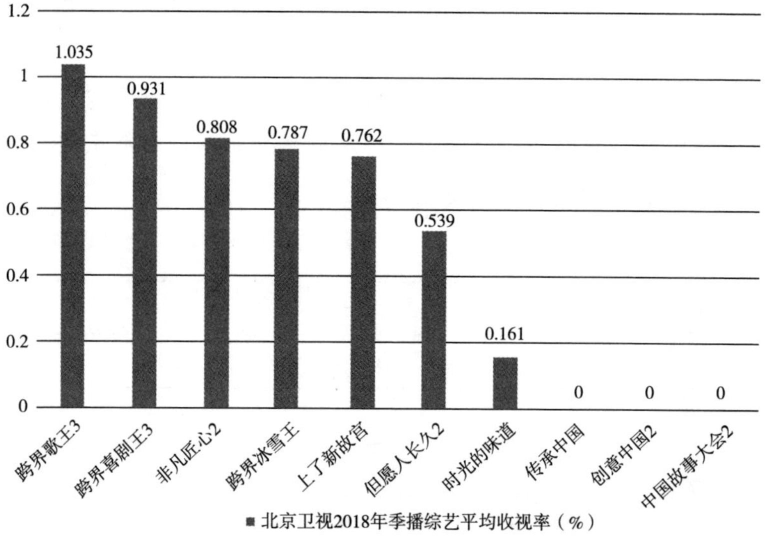

这一年有太多节目或因入不敷出或因政策调整淡出我们的视线。

卫视迎来至暗时刻

虽然单纯依靠剧集、综艺无法完全定义一家卫视的整体样貌，但作为卫视影响力的重要组成部分，我们仍然可以从中得到某些接近全局的答案。

1. 卫视格局发生变化

曾经依靠年轻受众迅速崛起的湖南卫视在过去十几、二十年中风光无限，而随着大批年轻群体转向互联网，年轻化偏偏成为其最致命的弱点，风光不再。受众年龄层偏大的北京卫视似乎迎来曙光，但其过于本土化、接地气的内容限制了发展上限。东方卫视重剧、浙江卫视偏爱综艺，过分偏科同样让他们的发展遭遇巨大桎梏。而江苏卫视因在综艺、剧集方面并不鲜明的特色和保守的风格只能在五大卫视中落至末位。

2. 卫视收视高潮回落，迎来不可逆的低潮期

简单对比一下 2017、2018 两年五大卫视在剧、综方面的最好成绩，很容易发现，收视降级了。五大卫视的头部作品收视率同比下滑严重，影响力遭遇前所未有的打击。

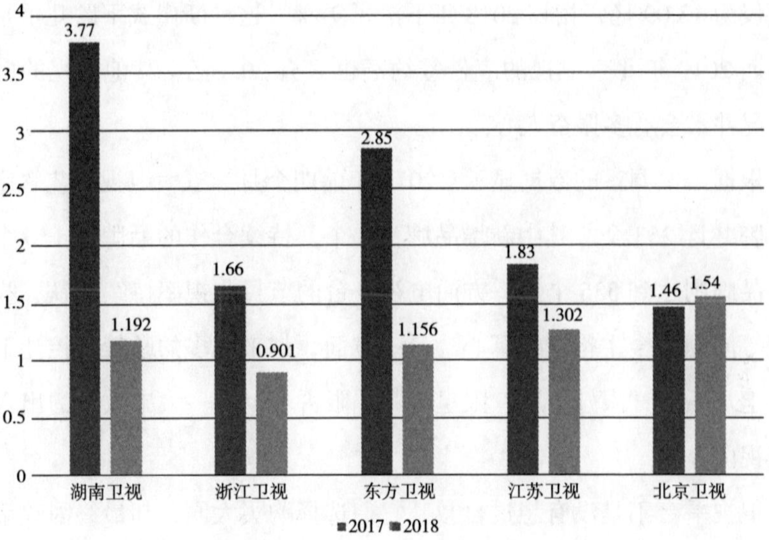

五大卫视2017、2019季播综艺最高平均收视（%）

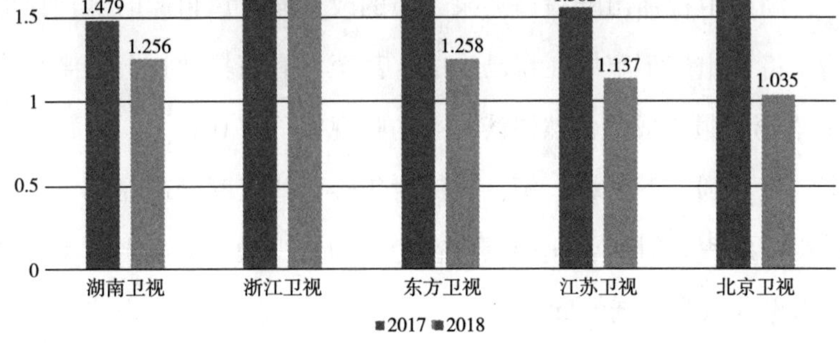

3. 商业价值下滑

娱乐资本论曾在2018年9月份的中国国际广告节就报道过卫视招商艰难的状况。过去广告客户会将80%的预算投到电视台，现在预算只有20%，至多不会超过30%。有数据显示，湖南卫视2019年黄金时段资源招商额仅为13.09亿，相较2018年下滑了74%，这种断崖式下跌几乎是致命的。而2019年北京卫视的广告签约额也只有20.3亿。其他卫视的广告收入情况并不会有多振奋人心。

根据击壤洞察的数据显示，2018年前四个月，五大卫视综艺软广的合作品牌共计253个，其中新增品牌103个，持续合作的品牌有150个，而流失品牌则达到335个。一方面电视平台的节目收视率持续下跌、收视率造假等问题让金主爸爸寒了心，另一方面，越来越多的政策管控让卫视平台雪上加霜。“限娃令”“限星令”“限古令”等一大串政策的出台制约了卫视内容。

卫视平台不是没有想过自救。它们选择购买大剧，却最终因政策原因不得不放弃，视频平台的精品剧集在挤压它们的市场；它们在自主权更大的综艺节目上创新，却因为资金制约、人才流失掀不起话题；它们选择把网生内容反向输入到自己的平台，甚至把最黄金的时间段拿出来，依然收效甚微。

但是，我们很难把电视观众流失的责任全部归咎于视频平台。2018年下半年，湖南卫视播出陆毅、袁泉主演的改开剧《风再起时》选择卫视平台独播，将播出权牢牢攥在自己手中，甚至没有将播放权分给亲兄弟芒果TV，但该剧的最终成绩依然惨淡，平均收视率只有0.4。

事实是，到了下半场，每一款针对年轻人的互联网产品都可能掠夺传统电视观众的娱乐时间，比如以抖音为首的短视频、又或者各类社交平台在牢牢占据受众的生活空间。

为从各种娱乐产品手中抢回受众，它们已经开始行动，优质内容是卫视唯一的出路。

湖南卫视去年下半年成立了 12 个综艺工作室，包括《幻乐之城》导演安德胜、《亲爱的客栈》导演陈歆宇，以期通过赋予他们更大的创作空间来生产附和观众口味的产品。

在剧集方面，卫视试图效仿视频平台的主题剧场，将同类型剧集安排在同一时期播出，增加用户黏性，比如浙江卫视明年将从古装大剧、刑侦涉案、现实主义、时代献礼四个方面进行布局，用更鲜明的特色和排播方式留住观众。

虽然大势不可逆，卫视在各种竞品的挤压下生存空间收缩，但唯有持续输出精致的内容才是唯一的机会。

02

娱乐圈“税务大地震”呼啸而来

“就在这周，因为要补缴 35% 的税，我熟悉的一家影视宣传公司倒闭了！”2018 年 8 月 1 日，距离崔永元爆出“阴阳合同”已过去两个月了，但娱乐圈的税务地震才刚刚开始。

一位来自知名影视避税区江苏无锡，从事影视宣传工作多年的大树，讲起最近的见闻与感受，语气充满了震惊，他将此次圈里有公司因补税而倒闭的现象定义为“娱乐圈重税的开始”。

除了大树以外，在影视编剧、导演等行业内人看来，税务局这次是下了决心要整治影视产业链，严肃而凌厉，可能因为一张假票而带出很多宣传公司被查。“税务”严查的边界，已远远超过明星片酬。

似乎所有人都在等着看一场大戏。娱乐资本论获悉，对于影视圈“税务”问题的严查，个人工作室首当其冲。“最郁闷的是现在连工作室注销通道都关了，撤都撤不了。”

圈内的各影视公司已经是“兵临城下”。

有制片人调侃道，上海松江区关闭了个人工作室注销通道，颇有种“关门打狗”的意思。此外，据业内人士透露，多地都不再开放新工作室注册，影视个人工作室可能要成为历史了。

“查税”风声愈紧，而代价又大多都转移到了出品方头上，干不干？影视“重税下”，各方面临全新博弈，多出来的税又该谁来交？

一张假票补税百万，某影视宣传公司倒闭

事情的起因是一张假票。

大树向娱乐资本论讲述，在影视圈里，艺人经纪公司、视频网站甚至电视台，为了垂直渗透影响力，会把艺人或某个剧综的宣传工作，外包给第三方宣传公司，而这些宣传公司往往掌握着各大社交网站中各领域的大V渠道。

坏就坏在第三方外包公司这里。由于宣传公司和这些大V交付款有时候是私对私的方式（微信、支付宝转账），没有一个公对公的账号，因此不能开票，在财务上就缺少了真实的“进项发票”一项。

“进项发票”有多重要？

对于以代购服务为主的宣传公司来说，因为是自己先垫资，最后买单的是甲方，“进项发票”额则是公司向甲方报账的依据，同时也体现着这家公司的收入和成本，对应着应纳税额。

“现在新媒体宣传，账号大多是个体户，公司拿什么给甲方列支出明细？只能买票啊！”大树对娱乐资本论吐露，“进项发票”是整个宣传行业最大的痛点。“当然这些发票渠道虽然不正规，但本身可能是真的，可以拿到税务局大厅认证，进行税款抵扣。”

“只要税务局盯上进项发票这一项，很多宣传公司就完了。”大树透露，他见闻的这家倒闭的宣传公司，就是因为被查到了一张假的“进项发票”，与真实的开支对不上，从而公司所有的项目都被税务局彻查了一番。

“税务局首先会要求你补上假票票面对应的税费，其次还会让你按被

查项目对应的销售收入，交25%的企业所得税，再加上附加税和罚款，最后总计是35%的综合税费。”

娱乐资本论了解到，正常情况下，企业所交所得税，应纳税所得额为收入减去成本，可以理解为在利润区间征税，一般情况为企业利润的25%。而此次如果因为买假票而被查到，则要按照总收入的35%征收。（注意哦，是项目总收入的35%，不只是假票金额。）

以企业利润率10%来计算，正常1000万的收入，对应的应纳税额为100万，税费为25万；而如果被查到作假，极端情况下，企业此前没有进行过进项抵扣，那么它将面临350万的税费补交，二者相差300多万！

“任何一个项目被发现有问题，追究起来，公司都会受不了的。”据大树了解，很多影视宣传公司都传出来被查的消息。“税务局会根据一张假票，查到所有涉案公司，包括开票的、买票的、收票的。现在是我听说倒闭的第一家，速度非常快，接下来肯定还会有。”

娱乐资本论查询《公司法》相关条文，发现在公司破产清算时，补交国家税收的排序仅在职工工资、社会保险和法定补偿金之后，优先于偿还其他公司债务和股东分配剩余财产。

这即意味着，在轻资产的影视传媒圈，一些公司在巨额补税和罚款后，可能面临资不抵债宣告破产的情况，那么市场上债权人的处境则变得十分危险。

“无论如何，几百万税费肯定是补齐了，补不齐的话，相关负责人是要坐牢的！”大树向娱乐资本论讲述时心有余悸，“现在查税对影视行业真是天大的事。”

娱乐资本论了解到，我国《刑法》对于企业逃税采用“双罚制”，既处罚单位又处罚单位直接责任的主管人员和其他直接责任人员。2016年，伊春市某煤炭销售公司，因逃税583万，相关责任人未及时补交税款，而被判入狱1年8个月。

个人工作室被“关门打狗”，税率最高翻14倍！

影视圈里的聊天群充斥着各种传闻，从“全国演员工作室，纳税改为查账征收，个税统一征收35%”到传言“凡是带有‘影视’二字的工作室，都要征收35%的个税”。

“一些准备新开的编剧工作室，现在连文化、娱乐都不敢沾。”一位编剧朋友对娱乐资本论说道。

娱乐资本论并未搜索到相关政策条文；拨打了国家税务总局电话，得到的回应为并没有相关通知；再拨打霍尔果斯、上海松江、江苏无锡、浙江东阳等著名“避税区”的税务和工商电话，大部分均无人接听，少数接通的也表示未接到通知。

“这属于行政指令，还没有公开信息，这是我国各执行部门的一贯做法，我的工作室已经接到通知了。”著名编剧大飞（匿名）向娱乐资本论表示。

此后，娱乐资本论又陆续接到了其他两位编剧的“泄密”，他们分别接到了上海松江区和浙江东阳税务局的通知，即工作室需补交2018年1月至6月的税费，按42%的综合税率交。

42%的税率与原先的税率比，差别有多大？

娱乐资本论了解到，个人工作室相当于个人账号，钱款打到工作室账号上，也即意味着打到了个人账号上，交税即按个人所得税交。相比于公司形式，个人工作室少了一道公司钱款流向个人的通道，也即少了一层交税。影视文化领域，不仅明星工作室遍地，编剧工作室也很常见。

此前，个人工作室征税方式有核定征税和查账征税两种。

核定征税，即当地税务部门按照工作室申报的收入情况，给出一个核定税额或税率，在此基础上按照个税的5%–35%来征收，考虑附加税，以及当地返税点，最后的综合税率为个人工作室收入的3%–7%；查账征收一般为会计制度健全的公司所采用，即收入减去成本，在利润区间按照个税税率征收。

核定征税与查账征税区别	
核定征收	查账征收
1. 纳税人向税务部门申报收入 Y。	1. 纳税人向税务部门申报收入 Y 和成本 C（Y>500 万）。
2. 税务部门根据企业情况与当地政策，给出一个核定税率 X%，或核定应税税额 Z。	2. 应税额 = 企业利润 =Y-C。
3. 应税额为 Y × X% 或 Z。	3. 脑力劳动产品的成本 C，无法量化，可计算为 0，所以收入就是利润。
4. 在应税额基础上，按 5%-35% 的 5 级累进税率，征收个税，设税率为 W%。	4. 编剧个人工作室的应税额为 Y-0=Y。
5. 税费为 Y × X% × W%。	5. 在此基础上，按 5%-35% 的 5 级累进税率征收个税，取最高税率 35%，税费即 Y × 35%。
6. 算上增值税、附加税，以及地方税收优惠，最后个人工作室综合税率为总收入的 3%-7%。	6. 算上增值税、附加税，以及地方税收优惠，最后个人工作室综合税率为总收入的 42%。

对比核定征收与查账征收的特点，在企业利润率不达核定税率时，采用查账征收会更划算，而当企业没有利润的时候，也就不产生税费；企业利润率超过核定税率时，采用核定征收会比较划算。

当然，选择哪一种更划算的征收方式，对于工作室而言，此前是有自主选择登记权的。

“根据我接到的通知，从 2018 年 1 月 1 日起，作为一般纳税人的工作室个人所得税取消核定征收，全部改成查账征收。如果按查账征收，其中 6% 是增值税，35% 是个税，再加上其他附加税，总体税率大概在收入的 42% 左右。”大飞向娱乐资本论分析到。

此处的一般纳税人为12个月连续收入累计超500万的工作室，不足500万的为小规模纳税人。

“编剧是脑力劳动创造者，成本无法量化，可以理解为工作室的收入就是工作室的利润。”娱乐资本论获知，对于累计收入超500万的一般纳税人工作室来说，把核定征收改为查账征收，也就意味着工作室税率可能从收入的3%跃升至42%，翻了14倍！

税率突增是一方面，另一方面，有两家来自不同地区的工作室负责人都表示接到了补税通知，即按查账方式，补交2018年1–6月份的税款，这也意味着新政策的新老“不”划断。

另外，据大飞透露，根据他接到的通知，现在一旦小规模纳税人变更为一般纳税人，就无法再变回去。“所以，千万不要成为一般纳税人，控制自己连续12个月的收入！”大飞解释，连续12个月，是任意连续12个月，比如2017年的1–12月，是连续12个月，2017年的2月–2018年1月，也是连续的12个月。

是否真的无法变更回去？

娱乐资本论查询到，税务总局在2018年4月份发布“统一小规模纳税人标准通知”，从2018年5月1日起至12月31日，一般纳税人可根据自身情况，即连续收入不足500万，可选择转登记为小规模纳税人。而实践中，营改增纳税人不具备转登记资格，营改增纳税人判断口径，由当地税务部门决定。

广播影视行业在2013年被纳入营改增试点，这即意味着大部分2013年以前成立的个人工作室无法由一般纳税人，转登记为小规模纳税人，这些工作室将承担着巨大的税率落差。

“好像是专门限制了影视行业。”娱乐资本论获知，大飞旗下共两家个人工作室，一家于2011年在上海成立，一家于2014年在浙江东阳成立，现在这两家工作室都接到了不能变更的通知。

“最郁闷的是连注销通道都关了。”一位不愿意透露姓名的制片人对娱乐资本论表示，“那么高的税率，工作室现在想撤都撤不了，上海松江区关闭了个人工作室注销通道，颇有种关门打狗的意思。此外，很多地方都不再开放新工作室注册了，影视个人工作室可能要成为历史了。”

影视“重税”新博弈：谁来交税？

“编剧和明星一样，都是拿税后款的你知道吧？现在的情况是，有作品著作权的编剧，和无著作权的个人编剧，境遇会大不同！”大飞说到。

娱乐资本论了解到，当一个编剧原创一部作品，即拥有著作权，那么他让渡全部或部分著作权给甲方，所获报酬是按稿酬计的，适用的是20%的比例税率，按规定对应纳税额还减征30%，所以实际税率是14%。而如果是甲方原创的作品，编剧只是被聘用或委托改编，那么他所获的报酬，按劳务报酬交税，2万以下为20%，2万–5万为30%，5万以上为40%。

“以前不管拿多少钱，编剧都拿税后款，税费由甲方承担。因为之前税务局没有严查，甲方最后到底有没有如实交，也没人追究。现在查税那么严，谁也不敢少报、不报。”大飞向娱乐资本论分析，查税对编剧的影响，甚至要大过工作室，尤其是没有著作权的高片酬编剧，在签个人合同的时候，扣除20%的定率减除，最高要交40%的税，即总片酬的32%。

“一集10万、20万的大编剧，最后收入上千万，但交税就300多万，这部分你猜甲方会不会为你承担？”大飞补充到，“所以个人编剧在和甲方签约的时候，最好都到当地税务机构确认一下纳税事项，稿酬跟劳务所得，有巨大差异。”

当然，面对如此巨额的财富，甲乙双方在签约时，将面临新的博弈：谁来交税？

“这是最考验人的事！如果双方默许某一方不交税，万一查到，谁去顶锅？”大飞指出了现实中普遍存在的税务纠纷问题核心。

我国逃税罪对主体责任人的界定包括纳税人和扣缴义务人，如果甲乙双方签订的是税后合同，那么甲方就是扣缴义务人，乙方为纳税人，甲方如果没交税，乙方有连带责任；如果签的税前合同，纳税人与扣徼义务人都是乙方，甲方即可抽身。

但现实情况是，甲方在跟大明星、大编剧“对峙”的情况下，并没有主动权，影视圈的逻辑是谁红谁有理。娱乐资本论了解到，目前“查税”风声愈紧，但代价大多都转移到了出品方头上。

签影视合同一般分两种，一个是片方跟工作室签，另一个就是片方跟个人签。“跟工作室签约，多是含税价格，现在工作室的税率高涨，他们实际收入变少，已经传出要涨价了！”制片人赵龙介绍，“还有就是片方跟明星或编剧本人签的，这部分就是税后价格，甲方还是一如既往的交税。”

“跟明星签税后合同是影视圈长期以来的惯性，不可能一夜之间就变了。”一位资深娱乐媒体人分析。

“不过大明星的价格现在可以往下谈一些了，幅度不大，这在以前是想都不敢想的事。”一位影视上市公司的高层此前在媒体讨论会上表示。其中的逻辑在于，原来公司可以打各种擦边球避税，现在都走不通了，而这将显而易见的增加公司税负成本，因此便有了一些谈判空间。

“大明星、大编剧影响有限，毕竟市场就认他们，片方还跟以前一样交税。小明星、小编剧影响也不大，本来拿的就不多，一集几千块到几万块，税也不多。”一位资深制片人指出，“影响较大的，还是腰部那些明星和编剧，没有强势的话语权，本来可谈判的空间就大，片方可能会压价。”

不过按照娱乐资本论的了解，还有很多的“圈内”人，在风暴中还处于观望状态，因为手中的项目合同是早签好的，至于有没有问题，要不要补交税费，还得看官方态度。对于税负转嫁的问题，还来不及讨论。

“现在关于征税方式和税率变动，都只是行政命令，可能随时发生变化。影视行业的税确实是该交的，毕竟其他行业都在交税，但国内文化产业很弱，发展需要扶持。”大飞的语气中充满无奈，“如果把税务优惠政策收回去，我们也不能说反对或怎么样，只是这个产业确实会受到冲击。”

“新政策的实施，一般都要先公布，然后再新老划断。工作室核定交税的方式是税务部门确定的，在原来的政策下是合法的，现在却被要求补交之前半年的，让人难以理解。”小强娱乐法创始人郑小强律师表示，“但既然地方税务局能下这样的通知，说明国税也是认可的或者是知情的，只能说我国法律法规政策，在执行层面，程序上欠缺合理性，这会对税务部门的公信力产生挑战。”

“当然，还有一种可能，就是这些接收到补税通知的工作室，在之前有 12 个月连续收入规模超 500 万元了，却没转登记为一般纳税人，或者已经是一般纳税人了，却仍然采取核定征收。这有可能是地方税务部门为吸引或留住工作室投资人，睁一只眼闭一只眼，不严格执法；或者甚至有的还可能有利益输送，这种情况下被通知补交，就怨不得别人了。”郑小强补充到。

综上，从广电总局的内容监管，到证监会的资本监管，再到不断发酵的税务监管，中国娱乐产业正在经历新一轮的“暴击”。

03

地震余波：明星片酬三到五折是常态

2018税务大年，影视行业税务乱象丛生，税务总局10月开始以霹雳手段整治，广电总局11月接着倡导明星“限酬”。如此大规模的整顿，影视行业变化几何？

娱乐资本论走访发现，“税前”合同已成为行业共识，明星“限酬”效果颇为明显。多位行业资深人士告诉娱乐资本论：“真的降了，明星片酬打3到5折，很普遍。”

有消息称，准一线青年演员，普遍折价一半以上，以2000万到3000万成交者居多，有人甚至降了8成，1000万成交；而大明星普遍低调，少有接戏，业内人士透露其市场上限为7000万左右，片酬过亿的时代已然终结。

业内某资深人士对未来持续看空：“片酬能到3000万，已经很不错了，市场每周都在变，在限薪令和税务两道关卡之外，三大视频平台日益收缩的预算，成为市场上更大的不确定因素。”

与日益明朗的明星片酬相比，影视行业工作人员的税负问题，依然在博弈当中。

独立制片人秦小木表示："以前通过工作室，几个点税率，现在最高要30%多，很多编剧、导演、监制等，收入都符合最高档。值得欣慰的是，经过谈判，片方往往会愿意承担一部分税点。"

"大合同暂缓签约，大家一直寻找其他可避税通道。"一位影视公司财务总监对娱乐资本论透露，天津、厦门等地陆续传来的核定税率消息，一度让圈里人振奋不已，但娱乐资本论发现，相关税率文章已被删除，此前的政策传闻能否真正落地还有待观察。

影视公司公开声明，演员总片酬不得超5000万

秦小木做了4年制片，创建了多个满员的影视交流群，消息四通八达。

广电总局2018年11月发出"限酬"通知，规定明星片酬40%和70%的比例，即主演片酬占比不得超项目总预算的28%。随后，三大视频网站联合正午阳光等6家影视公司公开声明，演员总片酬不得超5000万。

秦小木最近观察的明星成交价几乎没有超过3000万的，均为准一线青年演员。秦小木描述这一类演员为——有过大火作品，但不是男一女一，也单独挑过大梁，属于大家都知道的，但根基并不稳，遇到合适的作品就能稳升一线。

"这类准一线演员都喜欢报6000万、8000万的数字，以前可以谈，谈到4000万就不肯降了，现在普遍成交价为2000万、3000万，降一半，还都是税前。"

另一位制片人告诉娱乐资本论，他获得的情报也大概如此，如某"90后"男演员，在限酬政策之前报价7000万，政策之后，成交价为3000万。当然还有降8成以上的，如报价6000万的某男演员，因十分喜欢一部剧集的原著，自愿降到1000万。

秦小木认为现在不管是税务总局还是广电总局，盯上的就是这些S级

别的明星。“限酬、税务标准摆在那呢，当然我们片方也不敢随意请，风险太大，肯定会被查。”

“天下苦明星久矣。”秦小木表示演员“限酬”对行业十分利好，可以倒逼行业将更多的钱用作制作层面，不再唯明星论，也给了众多二三线演员出头的机会。“总局限酬属于倡导型意见，没有法律强制效应，但就是给了全行业一个‘师出有名’，大家合力一起压价。”

当然更积极的是市场反馈。过去2年里，很多大明星、大IP剧都扑了，秦小木告诉娱乐资本论，现在业内认可的是平台购片协议。“比如你有没有湖南卫视、江苏卫视的购片协议，购片框架也行，有没有播出平台参投?现在片方卡的是回收渠道，而不是明星咖位了。”

另一位从业8年的制片人唐朝告诉娱乐资本论，总局虽然对明星限酬，但市场需求仍在。“不可能准一线明星3000万成交，S级的大明星也这个价，这不合理，也没人接受。”

唐朝从2018年至2019年初经手了5个项目，最大一个的投资超5亿，他向娱乐资本论确定地表示很多主演的片酬都超过了3000万，合同上签的是5000万。“税前5000万，是根据总局精神和行业指导来定的，这个标准我们肯定满足，不然也过不了审。”

此前有传言称，某演员就在慈文主控的某电视剧中拿了1.6亿的片酬，目前该片已经杀青。娱乐资本论就此事咨询了慈文传媒的一位高层，得到的回复为“谣言”。

“天价妖风总算能治了。”秦小木感慨，“以前那些大明星，动辄1亿大几千万的，我们哪敢想啊。现在你说我们拿着鸡毛当令箭也好，反正5000万，不能再多了。”

片方只愿承担6%的税点，总局或卡“发行许可证”

“明星从来不是什么大问题，现在市场也不那么吃他们，国家让我们打哪就打哪呗，跟着党走没错。”秦小木话锋一转，跟娱乐资本论不断强调——“税改”才是对行业影响更加深远的大事。“这个点你们行业媒体一定要卡准了！”

2018 年 11 月，税务总局要求影视公司对税务问题进行自查，随后，秦小木身边注册了工作室的编剧和制片人朋友，几乎无一例外前往税务部门申报“补税”，相比之下，通过公司，而不是工作室进行个人收支的秦小木“逃过一劫”。

“我们行业里的知名导演、编剧、制片等，几百万的报酬很常见，以前通过工作室只交几个税点，现在要补 20% 多，变化巨大。”秦小木告诉娱乐资本论，税改后的几个月几乎没听到大项目开机，小体量的网大网剧倒有不少，而大合同大家都在继续观望，到底怎么签约最好，税率是多少，怎么分配？

“现在是行业最迷茫的时候。”秦小木道。

“根据明星的情况，片方走账，有公司的就先打公司账上，谈下来，片方一般愿意承担票面上 6 个点的增值税点，至于公司要怎么把这笔钱取出来给艺人，那就是公司的事了。”

以明星为参考，秦小木认为业内工作人员谈判最终会达成一个共识，就是“公对公”打款，片方愿意承担票面上的税点（增值税），乙方（艺人方）需要提供发票，流程为——见合同、见发票、再打款。至于公司账上的钱怎么取出来，则可以尽量用成本抵消。

“现在发票是整个行业里最重要的事，税前价、税后价、谁去缴税，一定要在合同写得明明白白。甲方每打一笔钱，就一定要见到发票，所以一般愿意承担票面税率。”

唐朝的见闻与秦小木大致相符，不过他说，片酬市场仍然有监管不到的地方。不过唐朝认为，不管怎么操作，总局规定的 40% 和 70% 一定要满足，而 5000 万左右的片酬合同都会被总局抽查。最近制片群里流传出一条消息，其中就有“总局会在片方拿‘发行许可证’之前，要求看整体预算和所有演员账户的银行账单”。这条消息让唐朝格外谨慎。“所以，预算、片酬一定要做好，不然可能意味着拿不到‘发行许可证’。”

事实上这条消息早在2018年8月份总局发“限酬”令时传出，娱乐资本论致电广电总局电视剧司办公室，得到的回复为“还处在研究阶段，有几个方案正在考虑，有可能是由行业协会来监管，也有可能行政管理，但我们目前还没要求收材料”。

另外，一位匿名人士爆料，有制片人想签下艺人又因为总局限酬，而不得不明面上做一份合同，私底下再跟艺人“打欠条”，最后甚至违约不给款。对此，唐朝和秦小木都认为十分不可信。“没听说过，现在是戏比人缺，不行可以换人，影视行业这个档口，闹呢？”

律师：“事前”核定可能违法

“工作室目前还是合法避税的最好途径。”负责一家影视公司税务筹划的李当心向娱乐资本论表示，“现在大部分税收优惠区查的都是影视工作室，而把‘影视’改成‘文化’或‘传媒’类工作室，其实核定税率优惠依然可以享受。”

“政策本来都是好的，是企业和个人滥用了，全年60%、70%的发票都走工作室，所以才会出那么大的事，查起来都是问题。”李当心认为，想要避税，就得把成本合理消化掉。

“一就是现实中的所有开支都要搜集发票用来抵消，二是多开工作室，泛文化类的都行，可以覆盖掉大部分影视项目，最后留几十万走影视工作室。”

李当心告诉娱乐资本论，现在被查的地区都把影视工作室的个税征收由“核定”改成了“查账”，但很多没有被查的地方依然以“核定”为主。

锦天城合伙人刘云刚律师认为，此前各税收优惠地区为了招商引资，进行事先核定，也导致中央政府收入因核定征收而减少，可以说地方政府把中央政府的税都核少了。

“核定征收不是不能用，是不能滥用。”刘云刚表示，《税收征管法》规定了核定征收的六种情形，《个人所得税法实施条例》也规定了核定征收的条件。其中《税收征管法》规定的六种情形，除第一种情形外，实质都是“事后”核定，即税务机关在程序上必须经过调查取证，认定纳税人符合核定征收条件，才能确定采用核定征收。

第三十五条　纳税人有下列情形之一的，税务机关有权核定其应纳税额：

（一）依照法律、行政法规的规定可以不设置账簿的；

（二）依照法律、行政法规的规定应当设置账簿但未设置的；

（三）擅自销毁账簿或者拒不提供纳税资料的；

（四）虽设置账簿，但账目混乱或者成本资料、收入凭证、费用凭证残缺不全，难以查账的；

（五）发生纳税义务，未按照规定的期限办理纳税申报，经税务机关责令限期申报，逾期仍不申报的；

（六）纳税人申报的计税依据明显偏低，又无正当理由的。

“如果不管纳税人是否符合核定征收条件，事先都给核定，这是违反法律规定的。像以前那样，利用工作室账户隐匿收入的真实性质，且事前就按核定的应税所得率缴纳，以范案中税总的意见，这不是避税，而是偷税。”

刘云刚认为影视行业税务问题如此严重，是这个行业的心态出了问题，大家都在缴税，影视行业凭什么要求少缴呢？

“假如是一个上市公司的高管，他要是拿那么多工资薪金，也要按最高45%的税率缴税，而一个年收入几万甚至十几万元的普通打工者，最后可能不缴税，或者适用最低3%的税率缴税。高收入多缴税，低收入少缴税，量能课税，这是税收公平原则的要求。”

“税法是一张很严密的网，别老想着找漏洞，合法避税是很难的。”刘云刚认为现在国地税合并，就是要维护税法的严肃性和统一性，大家都要合法合规缴税，影视行业最重要的是把心态调好，做到依法纳税。

“首先就是要税务合规，把税务风险先排除掉，不要拿职业生命开玩笑；其次，可以通过增强市场竞争力，消化这个税务合规成本；当然，合法节税，也是纳税人的权利，不违反税法，这是底线。”刘云刚建议。

（应采访对象要求，秦小木、唐朝、李当心为化名）

04

音乐人刘洲的资本“骗”局

2019 年 5 月 24 日，刘洲涉嫌侵占投资人资产一案的二审裁定结果已出，根据二审裁定书显示，本案维持一审原判，即刘洲 1500 万侵占罪成立，获刑四年六个月，判决生效之日起十日内归还自诉人张剑南 1500 万元人民币。6 月 9 日，刘洲于北京被捕，暂时看押在石景山分局鲁谷派出所。

一切都尘埃落定。

时间回溯到 2018 年 9 月 17 日，因担任《中国有嘻哈》音乐总监而名声大噪的刘洲，已因涉“刑事案件”上了一天的热搜。在那张广为流传的只有一页的判决书中，人们依然不知道刘洲到底做了什么，要坐四年半的牢。

2018 年 9 月 18 日，刘洲的公司“Door”发布声明，针对那最后一页判决，开始做起了文章。认为以这种方式曝光判决书的人，实则是“断章取义”“掐头去尾”“可信程度可想而知”。

相比于刘洲那边高调的回应与答媒体问，判决书中的控诉人张建华（荆州籍）则低调的多。2018 年 9 月 17 日下午，张建华在 JW 万豪酒店地下一层，接受了娱乐资本论的采访。当时他正以投资人的身份，参加《找到你》的点映发布会。

关于刘洲，比起那1500万的财产侵占，张建华觉得自己的心被伤了，“信任完全被辜负”！征战商海几十年，张建华投资了很多影视娱乐创业公司，而刘洲是第一个让他“吃瘪”的人。

对于刘洲朋友圈对他的“攻击”，以及在媒体上“叫冤”，张建华都嗤之以鼻，他只拿出了一沓厚厚的文件，放在了娱乐资本论面前。“一审判决、庭审记录、银行流水、转账记录、门和钥匙财务、刘洲演讲视频，随便看。”

一审判决：刘洲侵占张建华1500万元

张建华与刘洲相识，是在2017年《中国有嘻哈》开播之前。

“嘻哈”尚未播出，但张建华已在业内人士的牵引下，结识了满腹音乐才华的刘洲。纵横娱乐圈多年，张建华总结自己的投资之道为一个字，快。“看好的人才，一定要及时下手，不然等他火了，你都排不上号。”在对刘洲的投资上，张建华一如既往地践行自己的“快”之道。

“我们这个盘子的主心是Live House，十个城市就有十个Live House。周一到周五是Live House的节目演出，周六到周日是节目录制。然后再做个电台，跟QQ音乐合作，做榜单，让节目中的头部艺人都来参与。”在看完刘洲的演讲视频后，张建华便决心扶持这个音乐人，“不是他说的有多好，而是他有想做事的激情，我愿意帮他一把。”

刘洲向张建华介绍的这桩“大盘”生意，具体为先买下美国Bill board榜单的中国代理权，再在几十个城市同时展开Live House的线下运营，每年以翻倍的速度签下音乐艺人，再跟QQ音乐合作搞Bill board中国版的电台打榜，大概需要8亿。

“3年后，签下800艺人，出7000首歌。”业内一位传媒公司CEO

耳闻过刘洲的豪言壮语，现在想起来还忍不住惊叹他的想象力。“哪来的800个艺人啊？说翻倍就翻倍了。”

在刘洲描述的8亿Live House大盘中，首先需要的便是向Bill board版权方提供一笔财力证明，即1500万的人民币存款。在张建华看来，刘洲的演讲有些“虚夸”，但他最终还是倒向了刘洲的热情。

2017年7月12日，《中国有嘻哈》播出3期后，张建华向刘洲的个人账户转去了第一笔汇款，后又在8月分两次转账，三次共向刘洲个人转款1500万。但刘洲在收到这1500万元后，就再绝口不提Bill board中国区代理权、Live House项目和新公司的事，也未向张建华返还这1500万元。

一审判决显示，刘洲收到款项后，既未与张建华签订设立公司的书面文件，也未成立新的公司，张建华多次催要，刘洲均以钱已用为由拒不归还。刘洲辩解，钱款均汇入了北京门和钥匙公司账户，1500万属于张建华给公司的投资款，不构成侵占罪。但“门和钥匙”的银行流水账单显示，迄今为止，刘洲只打过一笔510万的款项到公司账户。

在庭审记录上，当法官问到钱款去向以及“门和钥匙”的运营问题时，刘洲则表示自己只是个做音乐的，公司运营事务全部由CEO贾春雷负责。对于钱款去向的证明，刘洲以数次更换律师、交接不清为由，表示暂时无法提供。

最后，荆州沙市区人民法院对刘洲的辩护意见不予采信。2018年8月21日，判决书下达，刘洲被判犯侵占罪，有期徒刑4年6个月（刑期另行决定），罚款50万，判决生效十日内向张建华返还1500万钱款。

对于一审法院判决，2018年9月17日，刘洲工作室在给娱乐资本论的回应中表明：“判决为湖北四线城市的小法院在未正式开庭的情况下私自判决。”

9月3日，刘洲向荆州市中级人民法院提交上诉状，上诉理由为一审法院“程序违法”和“定罪量刑很粗糙”。最后的主张为1500万是张建华给“门和钥匙”公司的投资款，不存在“多次催要拒不还款的事实”。

“到现在都没还我钱，还不存在‘拒不还款’的事实？”张建华突然笑出了声，语气带着戏谑，“也真是难为刘洲的律师了，前面换了3个，现在准备帮他上诉的律师是第4个。”

“门和钥匙”：另外一笔700万投资

不管是刘洲、张建华还是法院，都提到了“门和钥匙”公司，即Door & Key，也即GAI微博上显示的所属经纪公司。

“门和钥匙”于2017年8月10日成立，注册资本1000万元，刘洲出资510万元、张喆（张建华的儿子）出资350万、贾春雷出资140万。刘洲拥有51%的控股权，为公司法人。

张建华还没向刘洲全部转完1500万，期间便又通过其子张喆，与刘洲和贾春雷共同成立了“门和钥匙”。实际出资上，张建华投了700万，350万作为股本金，另外350万作为启动资金。按照约定和实际经营情况，“门和钥匙”是用来签嘻哈艺人的经纪公司。

“1500万元是Live House项目投资款，是我投资Live House项目的资金实力证明，跟‘门和钥匙’一点关系都没有。”对于刘洲坚持将1500万说成是“门和钥匙”的投资款，张建华感到很无语，“法庭是要看证据的，我从没跟他签过这样的合约。”

说起“门和钥匙”，则又是一桩令张建华憋屈之事。

一审判决书中，刘洲申明1500万都打到了“门和钥匙”的公司账户，但又无法出具证据，原因是公司由CEO贾春雷运营，自己只做音乐。2018年1月，在张建华和贾春雷的多番催促下，“门和钥匙”的财务出具了一份4页报表。

利润页显示，2017年，“门和钥匙”累计收入为3000万左右，扣除营业成本、税金、管理费用等，营业利润为 -535 万，公司净利润为 -639 万。

“刘洲说钱全亏了，就当我没来过。”张建华气的指尖发抖。“什么叫当我没来过，1500 万不知道到哪去了，GAI 帮公司赚了好几千万，最后就给我 4 页纸，说全亏了，哪个投资人能接受？”

2018 年 4 月，张建华派了财务人员来到“门和钥匙”公司，根据测算，2017 年的利润在 2000 万左右，但公司账号上却没什么钱。随后，张建华与贾春雷调出了“门和钥匙”账户的银行流水。截至 2018 年 3 月 19 日，公司运营账户上只剩 163 万元的现金。

其中在 2017 年 9、10、11 月，有 3 笔打给四川晨星天曜建筑公司、共计 1030 万的大额转账格外显眼。

张建华告诉娱乐资本论，他与刘洲合作后，刘洲的部分团队（Door 员工，即由刘洲控股 85% 的多耳传媒，2012 年成立）便从天鹅湾刘洲个人住宅中搬出，搬到了种梦传媒所在的惠通大厦，成为新公司“门和钥匙”的员工。“惠通大厦则根本不需要装修，最后也没有装修的痕迹。”

另一部分团队，直接入住了一栋旧大楼，继续作为 Door 员工，而刘洲本人则一直住在天鹅湾。2018 年春节前，刘洲及大部分团队陆续搬进了朝阳北路一处 2 层独栋楼中，大写的 Door 标志悬挂在墙面上，室内室外都显得的“富丽堂皇”，张建华隐约知道自己的钱去了哪里。

“那栋楼装修买设备花了 3000 万，请问资金来源是什么？刘洲能不能在法庭上说明一下？”

甚至对于当初成立“门和钥匙”公司，刘洲出的 510 万和贾春雷的 140 万，张建华都肯定用的是他的钱。“刘洲当时四处融资，哪来的钱？公司 8 月 10 号注册成立，后面可以认缴资本金。我 8 月 28 号之前给他打了 1500 万，他用的就是我的钱，贾春雷那 140 万也是刘洲拿我的钱给的。”

不过让张建华最郁闷的是最近一笔小钱，在一审判决之后，刘洲处于取保候审状态，保释金 5000 元。据当地法院消息，这 5000 块保释金是从“门和钥匙”的公司账上打来的。

“5月末我起诉刘洲依据的是刑事自诉，法院裁定保全就冻结了刘洲的个人账户，‘门和钥匙’的公司账户不受限制。3月19号的时候公司账户还有160多万，现在都空了，最后一笔钱被刘洲拿来做了保释金！”

“公司实质上是盈利的，我作为股东，不但没有分红，连投入的资本金都被刘洲掏空了！”张建华告诉娱乐资本论，之前的1500万只是刑事自诉，接下来他可能考虑刑事公诉，即控告刘洲涉嫌“职务侵占罪”。

贾春雷：又拿我出来挡枪？

2018年7月，有网友在豆瓣上爆料刘洲“欺诈”投资人的故事，其中贾春雷作为“门和钥匙”的CEO与第三股东，成为刘洲“欺诈”事件的“背锅侠”，甚至一度被气到犯心脏病住院。

贾春雷独家回应娱乐资本论，爆料句句属实。

2018年1月下半旬，眼看着刘洲和惠通大厦里的一些员工，陆续搬进了新装修的“Door”大楼，贾春雷对刘洲极为不满，并坚持留在惠通大厦。“这明显是在骗投资人钱啊。”

2018年4月，因谈到投资人张建华和“门和钥匙”的钱款问题，贾春雷与刘洲当面爆发了一次大争吵，刘洲情绪激动，口头解除了贾春雷的CEO职务。而在此之前，贾春雷已提出过辞职，但未征得刘洲同意。

离开“门和钥匙”，贾春雷背上了各种“黑锅”，如携款逃跑、刘洲哭诉被其坑。2018年8月，刘洲在一审庭审现场同样辩称，自己只懂音乐，公司的运营全由CEO贾春雷负责。很明显，一涉及到钱款问题，刘洲使出的杀手锏就是“我不懂，全是贾春雷在管”。

“他是公司法人，账户U盾、公司法人章全在刘洲手里，我怎么动公司的钱？”离职后，贾春雷为了身体健康，便尽量保持心平气和，不太理会传言。对于张建华判定的自己那140万资本金来源，贾春雷并未否定。

2018年9月17日晚，听闻刘洲要在18日开新闻发布会，贾春雷冷笑一声，“不用去也知道他会说什么，全赖我呗。”贾春雷饶有兴致地对娱乐资本论展开想象，“希望他说的越严重越好，公开造谣，我直接发个律师函，都不用自己亲自澄清。”

“我是被刘洲挖了很久挖过来的，原来的工作待遇更好，但真架不住他的热情，觉得也许能做点事。”贾春雷形容刘洲的魅力，很像传销组织的首领。“高涨的热情、自信的气质和流利的话语，还有一套自己的逻辑。”

“尽管他说的话比较虚夸，但你就愿意相信他。”回忆起与刘洲共事的三年，贾春雷总结出了自己一个缺点，识人能力太差。他是在2018年1月份见到了那份4页报表，才开始真正对刘洲产生怀疑。当他来到富丽堂皇的“Door”大楼之下，感觉到自己被“当头棒喝”。

2018年9月18日，刘洲没开新闻发布会，只发了一份律师声明，没提到贾春雷，这让贾春雷略感失望。但声明中的部分措辞，让贾春雷和张建华觉得自己是在看笑话。

如声明中指出，“根据《中华人民共和国刑事诉讼法》，未经人民法院依法判决，对任何人不得确定有罪。一审法院的并未发生法律效力。”刘洲工作室回应娱乐资本论的时候，将一审法院形容为“四线城市的小法院，在未正式开庭的情况下私自判决”。

由判决书落款可知，这个“四线城市的小法院”全名为“荆州市沙市区人民法院”，正是《刑事诉讼法》中认定的人民法院。“什么时候因为设在四线城市，法院判决就没法律效应了呢？”

张建华希望贾春雷下一步能跟自己一起，以“职务侵占罪”对刘洲提起“公诉”，对此贾春雷并未拒绝。

GAI 何去何从?

2018 年 9 月 17 日晚，GAI 与刘洲突然捆绑进了微博热搜前 20，GAI 迅速成为了网友的讨论焦点。

作为刘洲旗下最知名的嘻哈歌手,GAI 的商演收入几乎就是“门与钥匙”公司的全部收入。在这场资本官司拉锯战中，GAI 作为裹挟其中的最有价值的艺人，成为了各方争夺的焦点。

GAI 的演出到底会不会受影响?

2018 年 9 月 17 日晚，一位资深业内人士苏北，向娱乐资本论发来种梦传媒 CEO 韩啸的朋友圈截图，“从今年春节以来，GAI 的独家经纪已由种梦传媒全面代理，一切照旧，没有影响，越来越好。”

苏北介绍，2018 年 3 月 16 日，刘洲与张建华的矛盾愈烈，刘洲以公司事多为由，将 GAI 的非影视合约授权给了种梦传媒做全权代理，包括广告、商演、个人文集、形象衍生周边和新媒体使用等，合约期为 2018 年 3 月 16 日至 2023 年 3 月 16 日，共 5 年。

签约没多久，刘洲就收到了张建华起诉的法院传票，韩啸跟刘洲也已经很长时间没有联系。“但这并没有影响到 GAI 的商演活动，按照协议约定的来就行，该分成还分成。”苏北透露。

工商信息显示，“门与钥匙”公司旗下签约艺人有 GAI、BIG DOG 王可、阿鑫、辉子、王大痔、辛巴、赵涛等人。豆瓣网友爆料，除了 GAI 主动留在“门与钥匙”，其他艺人几乎都签在了与刘洲的其他公司。

“大部分签给了乐震传媒，法人苏天琦是刘洲的现任妻子，现在的 Door 也是个空壳。”张建华表示。

不过对于 GAI 是否真实的签在了“门与钥匙”，苏北觉得也不太确定。“听说 GAI 自己想看自己的合约，刘洲老婆都不让看，合约在苏天琦手里。GAI 只隐约记得分成比例会逐年往上涨，但不确定什么时候涨，涨多少。他现在只拿 30%，心里没底。”

第五章

深度直击

影视行业的一些灰色收入过程，制片人、导演从预算中牟利，也有部分侵占到了特效上。就这样，在国内影视行业还没有高度工业化的当下，特效公司的常态是干活时间少了，工作量大了，钱却没有多拿，难免有些“苦哈哈”。

01

内忧外患，国内特效公司生存困难

“单从特效来说，《阿修罗》超出我的想象，质量很高。”虽然电影之外引发了很多争议，至少在特效上投入的真金白银得到了专业人士的认可。

有说法称《阿修罗》仅特效成本就超两亿，再回看 2018 暑期档的国产特效大片，《动物世界》打出“重工业大片”的噱头，请到了世界顶尖的维塔加盟，《狄仁杰之四大天王》《大轰炸》都有上千个特效镜头……

不同于以往每年只有几部国产特效大片，近年来，国产特效大片的数量明显提升，更大的变化在于网剧、网大也开始加大特效比重，据了解，《武动乾坤》需要后期处理的时长超过 2000 分钟，“每集过半的镜头都经过特效处理”。

毫无疑问，国内市场对于特效的需求和投入在不断扩大。看起来，中国特效行业似乎到了一个更好的时代。

然而我们却从国内从业者那里听到了这样一个词——内忧外患。

2018 年 7 月，有两百家会员的中国影视后期产业联盟发起一份倡议，简单地说就是有了甲方要付 30% 首付款、10% 定金款，如果延期不能给到素材需要赔偿等条款。

在国内，后期时间被挤压是常事，工作排期往往也乱成一团，不少公司账期更是被严重拉长，连 MORE VFX 的创始人徐建都发出了“都是死不如死的舒服些”的怒吼。

另一边，跟韩国、澳大利亚等政府对特效行业的扶持比起来，国内缺乏相关贸易保护，因为更优惠的地方政策，不少项目都拿到了国外去做。

项目在走出去，竞争者却在不断走进来。

“韩国人、中国台湾人、英国人都在往北京涌，因为这边影视资源丰富”。随着维塔接了第一个中国项目《动物世界》，数字王国完成了首个国内电影项目《邪不压正》，越来越多的国际视效公司把眼光投向中国，这片土地上的竞争势必加剧。

一边是外界看来鲜花着锦的前景，一边是从业者深重的忧患焦虑，中国特效产业的现状到底如何？路又在何方？

减时、加活、不加价成常事

2018年年初，国内特效公司MORE VFX的创始人徐建发了一条朋友圈，半年后娱乐资本论依然能频频听到特效人提起。

徐建表示，2017 年因为制片方延期，公司错过了几个大项目，造成大量人员空档、资源闲置，以后要坚决执行定金措施，他在最后写道：“望诸位大佬海涵，情谊都在，但我也不能背着破产的锅维系咱这情谊不是，反正都是死不如死的舒服些。”

2018 年 7 月 10 日，中国影视后期产业联盟发起了名为《中国影视后期产业联盟：关于影视后期企业与制片公司协议签订的倡议书》，其中提出了定金作为保证金，甲方延期、提档的相关应对，确保尾款的水印措施等条款。

所谓的定金是指在片方不能按约定时间给到后期公司素材的赔偿制度，该联盟的副理事长谢宁和副秘书长张艳阁对娱乐资本论解释，这些条款都是针对后期行业最常见的问题拟定的，其中最大的痛点就是制片方对后期公司档期的挤压。

举个例子，双方协商好3月份给到素材，9月份交货，那段时间后期公司要把几百号人空出来做这个项目，如果素材晚到两个月就会出现空窗期。期间接别的活也不现实，万一素材突然到了呢？素材晚到，但交货日期是根据影片的宣传上映节点走的，不会延后。“这样一来受挤压的只有后期公司，时间缩短，价钱一样，成本增加，很多后期公司做到后面都亏损，关门了。”

BASE就吃过好多次这样的苦头，不管是国内的项目还是国外的项目，都有可能出现档期挤压甚至项目取消的情况。2012年，BASE曾经接了某个外国大项目，招兵买马添设备，结果临到头项目取消，两百号人6个月档期都已经空出来，BASE只能临时找一个国内的项目填进来，匆忙弥补损失，但业务和团队士气都受到很大影响。制作流程成熟规范的国外项目尚且如此，国内项目的各种突然变化和无理要求就更多了。

尾款方面，同是BASE副总裁的谢宁曾经因为坚持“不给尾款就不去水印”的原则，跟某位大牌导演的制片人大吵一架。“我们虽然没有做过国内电视剧特效，但听同行说在几年前，中国电视剧特效合同的尾款就是白送给甲方的，很少能有收得回来的。”

影视行业的一些灰色收入过程，制片人、导演从预算中牟利，也有部分侵占到了特效上。“该花的、不该花的钱在杀青之前都花掉了，给后期公司原来说好2000万，可能到最后只剩1000万。素材给晚了，前期拍得很烂，我给你擦屁股，多干活没问题，但找制片方多要点钱的时候，他就说不好意思，我没有钱了，兄弟你帮我一把，下一部电影我补偿你。等真到了下一次，同样的轮回折磨又开始了。”

就这样，在国内影视行业还没有高度工业化的当下，特效公司的常态是干活时间少了，工作量大了，钱却没有多拿，难免有些“苦哈哈”。

国内项目外流的同时，还要应对国际公司的进入

徐克导演的《狄仁杰之四大天王》同样也是一部视效大片，有人告诉娱乐资本论，徐克所有的项目都有韩国特效公司 Dexter 的参与，其中一个重要因素韩国政府对于特效行业的大力扶持。

韩国政府会出钱送中国制作团队到首尔去，帮忙联系特效公司，甚至补贴双方差价，比如片方只出价 800 万，韩国公司报价 1000 万，政府就补贴 200 万。韩国公司还往往抱团接项目，有肉一起吃。曾经一度，中国的特效大片大部分都拿到了韩国去做。

全世界电影特效比较发达的国家，加拿大、英国、新西兰都有政府力量主导，加拿大的返税甚至可以达到 40%，是好莱坞最大的外包特效制作基地。澳大利亚公司因为强力的政府补贴，正在成为国内特效公司有力的竞争对手。

对比起来，有人感慨，我国政府的补贴都给了制片方，特效只能是“虽与有荣焉，但囊中戚戚”。

这边厢，国内项目在走出去，那边厢，国际特效公司却在逐步进入国内，进一步“分食”市场。

《邪不压正》是数字王国在国内首个主要参与的大电影项目。2016 年初，这家为《泰坦尼克号》《返老还童》《头号玩家》等影片提供过视效服务的香港上市公司收购了谢霆锋的 PO 朝霆，同年 7 月，数字王国在北京发布了大中华战略。

数字王国副总裁、大中华区影视剧视效业务负责人周逸夫向娱乐资本论介绍，数字王国的视效团队分为北美、中国、印度三个大区，近2000人，其中在北京有几百人的全流程团队。

因为规模化的全球布局，在面对中国常见的档期问题时，他们往往可以通过资源间相互协调来弥补。比如《邪不压正》，数字王国主导的476个镜头需要花费一年时间完成，实际留给后期的时间只有5个月，北京团队就从印度调配人手来帮忙消化。遇到项目延档的空窗也可以从其他地区调项目。“为了中国市场，这些让步都是可以接受的。”周逸夫直言。

除了数字王国在国内开始开疆扩土，很多人注意到，《动物世界》的特效名单中出现了“维塔”的名字，这是这个曾五获奥斯卡最佳视效奖的顶尖视效公司首次加盟国内电影项目。

维塔的介入来自于棒棒影业的牵线搭桥，不同于业内常见的分包形式（一家特效公司将活发给其他的特效公司），棒棒的定位是视效管理公司，本身不输出特效技术，而是在制片方和特效公司间起到监理作用。

棒棒影业CEO John Dietz在好莱坞有多年特效制作经验，他向我们介绍，在跟导演和制片人沟通过效果和预算后，棒棒会根据特效镜头的类型和难易程度寻找不同的特效公司参与项目。

棒棒邀请维塔前后花了近6个月，沟通方面事无巨细，力求为他们创造的视效制作环境和条件能基本达到维塔之前参与影片的条件。John Dietz强调，维塔参与国内项目不会是一轮游，双方今后会有更多的合作，让维塔参与更多的中国电影。

跟数字王国选择进入中国市场就要接受国内常见的档期挤压一样，维塔参与《动物世界》在价格方面做了让步，已经有多个从业者向娱乐资本论表示，中国市场现在是外国公司宁愿压价也要杀入的沃土。

国内公司的担心在于，像棒棒这样有外国人脉的视效管理公司的出现，会帮助国内片方接触到更多的外国资源，“他们原来不知道还有哪几家外国公司可以做，这下都知道了。”

抓紧培养正规军，
中国才能抓住成为全球特效中心的机会

很多国内从业者的无奈是，无论是项目外流，还是更多的外部竞争者进来，都是正常的市场行为，无可厚非。

事实上，在参与《动物世界》的 14 家视效公司中，三成是外国公司，七成是中国公司，棒棒影业也向我们表示，项目更多参与的都会是国内公司，同时也希望跟顶尖视效公司的合作能在国内起到带动作用。

比起外部带动，对于国内公司而言，真正要打这场仗，需要的是具备综合素质的正规军。

“大学相关专业毕业生几乎全都不能直接上岗，”联盟副秘书长同时也是影视工业网产教融合总经理的张艳阁说，“很多从业人员的起点都是商业培训机构，出来也不能直接上岗，且数量很少。”谢宁说，他早几年曾找到国内数一数二的培训机构想合作人才实训，发现特效行业因为起薪低，相关课程对培训机构来说利润少，已经被放弃了。

甚至，不少影视特效行业的人才还会转行进入游戏 CG 领域，某特效人告诉娱乐资本论：“可能薪水就多几千，他们就都走了。”这种情况随着近几年大量热钱进入影视和后期行业，行业起薪从两三千涨到五六千，才开始扭转。

但培训机构大多追求短期商业利益，给学员打下的基础参差不齐，有些人出来后渐渐跟不上行业发展，有艺术修养、外语能力的综合人才供给成了难题。同时，不说韩国、澳大利亚，单说印度、马来西亚等地，因为从业者工资水平低、平均英文水平高，不少国内的项目也更喜欢找他们制作。

中国是全世界第二大票仓，而且还在不断增长，产业会不断往这里聚集，逐步成为市场中心，这里同时又是成本洼地，谢宁告诉娱乐资本论：“我认为中国真的具备成为全球电影特效中心的条件。但是如果我们不抓住机会，不把人才培养起来，我们就会失去这一次的机会。”

中国影视的特效风已经刮起来了，产业联盟的各项服务以及产业培训体系也正在变好，现在，就看谁能跑得更快一些了。

02

《哪吒之魔童降世》背后的“特效民工”们

2019 年 8 月 21 日，《哪吒之魔童降世》内地票房总和超过《复仇者联盟 4》，登上内地票房前三甲的位置，和前两名一样，它的观影人次也超过一亿。

这样的票房成绩超乎所有人的意料。五年，六十多个制作团队，1400 多个特效镜头，人们为这部电影幕后人员的付出所感动，但也有不同的声音传出。前段时间，导演饺子接受采访时讲过一个申公豹特效的故事：

申公豹变豹子头的镜头，一位特效师磨了两个月都没磨出来，后来跳槽到另一家公司，不巧制作方新找的公司正是这位特效师跳过去的公司。于是他再次接手这个镜头，最终很好地完成了。

这个段子传出后，许多观众都很佩服主创的坚持，但也有一部分从业者表示，如此折磨乙方并不是什么值得夸赞的事情。在知乎“动画电影《哪吒之魔童降世》导致「外包公司离职率升高」反映了哪些问题？”这一问题下，有人说外包人员是计件付酬常受压榨，有人说动画行业不景气没办法，还有参与过《哪吒》这一项目的特效师吐槽甲方不懂特效。

《哪吒》的背后到底反映了哪些动画行业的问题？如果《哪吒》真如

某些从业者所言，后期的制作流程并不专业，那电影中呈现的效果为什么看起来还不错？娱乐资本论矩阵号河豚影视档案深入幕后，采访了几位核心的创作人员和部分参与该项目的特效师，试图还原整个事件的真相。

特效量大、修改次数多，《哪吒》的后期是“神坑”

“《哪吒》的特效量大、修改次数多，这在业内是出了名的。”某动画公司 CEO 告诉小娱，早在《哪吒》开始后期制作时，圈内就一直传言这是个神坑。为什么这么难做？

多位参与过《哪吒》项目的特效师表示，倒不是因为技术上难以实现，而是因为有很多连续镜头难以协调。比如前一个镜头有水汽，下一个镜头也有水汽，但这两个镜头不是同一家公司做的，连起来看效果就不接近，还得统一修改。特效师在做的时候，也得考虑跟其他画面的连接。“五秒钟，四个连镜，我做了一个月。”一位参与了《哪吒》项目的特效师说。

尽管制作方已经尽量把连续的镜头分给同一家制作了，但有些场景的工作量太大，比如风火轮和火尖枪等镜头，只要哪吒出场就一定会出现。一家做不完，只能分包给不同的制作团队。为了保证这些镜头的统一性，制作方往往会提供一个标准模板，让各家都照着来。

但在模板还没做出来之前的磨合期，双方的沟通依然吃力。《哪吒》在 2018 年刚进入后期阶段时，主要是导演在和各家外包团队对接。饺子的工作就是看各家发来的特效镜头，录反馈视频。

但饺子毕竟不是特效专业出身，对技术尤其是特效管理工作并不熟悉，一些特效师开始抱怨。今年春节后加入到项目中的特效师稻子（化名）告诉小娱，导演指出的很多问题，都是因为渲染精度不够造成的，“一个懂特效的人，是能通过低精度的渲染画面推测出高精度的画面的，但是导演不懂，所以提不出有效的反馈。”

尤其是在做第一版的时候，没人知道导演的真实想法。特效师稻子以往工作时，习惯从先给低精度镜头开始，再逐渐过渡到给高精度镜头，慢慢逼近导演意图，但在饺子这里这样的做法行不通了。“从第一个镜头开始，我就得全部渲染出来再提交反馈，浪费了非常多的时间，这个镜头低精度渲染半尺寸也要一两个小时一帧。”

但另一个特效师小张表示，这种做法并非完全不能接受。“导演又不是专门做特效的，他就想看最终效果是不是跟他想的一样，所以我一般都是合成得差不多后给他看的。”回忆起和导演的沟通过程，他觉得虽然修改次数确实很多，但大部分意见都还比较清楚。

问题是，总有一些特效师无法和导演进行有效沟通。在《哪吒》的后期工作刚开始时，一直缺乏一个懂技术的特效总监帮导演翻译需求。“我对导演的期待值很低，讲好故事就行了。问题是你不懂灯泡是咋造的，怎么给工程师提意见？那叫吐槽不叫意见。”稻子表示，他和他身边参与过《哪吒》项目的特效师，都普遍认为导演越权，外行指导内行，这才导致了大量的内耗。

不专业的特效制作流程，从各种细节上就可见一斑。稻子表示，导演要求看成品也并非不行，关键是甲方并没有提前说明。因为给的制作规范里写了提交设计图的尺寸和格式，他就从设计图阶段开始提交，没想到这个设计图居然到了导演手里，更没想到的是，导演还对着设计图提意见。

另一个足以说明制作流程不规范的，是混乱的排期和工程文件。稻子是在过完年后接到这个项目的，确切的说，是一家给《哪吒》做外包的特效公司做不完，又外包给了他。“当时我还在外地玩呢，接的时候对方说不着急你先玩，第二天突然又说快回来吧急死了。”当然这不一定是《哪吒》出品方的问题，更有可能是外包公司的问题。

快马加鞭赶回去，拿到工程文件后，稻子傻眼了。“上帝才知道我之前的大哥们都是怎么命名的，同一个“球”有人叫它 sphere 有人叫它

qiu。这都不算啥，你知道风火轮咋翻译的吗？FHwheel。”除此之外，文件位置也很混乱，很多都没按照要求摆放，找起来很困难。小娱询问了其他几名参与过《哪吒》项目的特效师，得到的回复也是“确实挺乱的”。

所以，真正懂特效、能把控全流程的特效总监去哪了？一位知情人士表示，其实《哪吒》一直都有特效总监。但这位特效总监主要负责合成方面，整体的特效流程还是饺子亲自盯。毕竟是自己的第一部长片，饺子在各方面都盯得很紧，事事不放心。

但到了后期，一方面特效行业技术壁垒较高，饺子管理起来本身就比较吃力，另一方面工期越来越紧，需要他去处理的事情越来越多。饺子的耐心也几乎被消磨殆尽，情绪越来越不稳定。之前娱乐资本论矩阵号河豚影视档案在写《哪吒》的幕后故事时就曾提到，每次饺子录视频反馈给特效师时，制片组的人都要在一旁，一旦他说了什么过分的话，就赶紧剪掉。

伤人的话能剪掉，不耐烦的神态却变不了，这让部分特效师觉得很挫败。“我丝毫不怀疑，当时他心里想的是要不要换掉这个人。每次我看到画面里，导演一副被蹂躏过之后又强打起精神的模样，都想吐槽，为什么要干这种双方都受折磨的事。”一位特效师说。

三个月完成大部分特效镜头，除了熬夜还能干啥？

转折发生在 2019 年 4 月。当时，光线传媒的人来成都，盘了一下整体流程，发现《哪吒》项目严重超期，全片 1400 多个特效镜头，只通过了 100 多个。几乎绝无可能赶在暑期档上映。包括易巧在内的多位项目参与者，都和小娱说过当时的解决方案：新找了一位执行制片人，其他环节尤其是后期方面也都换了一些更专业的人来重新把控。

只是，要在三四个月时间里完成剩下的所有特效镜头，谈何容易？

不光时间紧，预算也是个问题。尤其是在整个行业都不够成熟的背景下，特效是一个特别容易花冤枉钱的环节。《哪吒》做后期特效时，是先给特效公司预付 30%，再让他们干活。如果后续该特效团队没做出甲方想要的镜头，取消合作后，甲方还得再找下一家公司接盘。下家公司接手时也是先拿 30% 的预付……烂尾几次后，预算花完了，镜头却没做出来。

除了追加预算外，团队还重新规划了特效流程。首先是重新划分镜头的主次。比如近距离的特写就做得更细致一些，看不太清的中远景就适当降低要求。特效管理的核心在于在时间、预算和效果之间取得平衡，如果一个特效镜头花几个月的时间只能得到很小的提升，那就得不偿失了。

其次是调整技术方案。一些镜头是可以使巧劲的，不用做得那么“真”。比如一个人在真实的三维空间里喷火，得喷一百米才能看起来在你面前，这种镜头计算量特别大。可以替代的方案是，在摄像机面前做一个喷火的效果，然后人冲进去。这样又省时间效果又好。

最后是加强沟通。导演说的话特效师不理解，视效导演得充当翻译。比如导演说想要一个拉丝的效果，视效导演会告诉特效师，是用流体特效还是用粒子特效，具体用哪种技术方案实现。最终审核镜头的时候，总共 1400 个特效镜头，饺子只看最重要的一百多个镜头，其他镜头就交给视效导演把关。

紧张的后期制作过程中，可可豆动画的日程表上每天都在更新倒计时，xx 镜头还剩 xx 天。规定一天通过 50 个镜头，那不管用什么办法，必须通过这么多。实在超期了，只能再找外包团队。别看整个项目有 20 多个特效公司参与，后期加入的一些公司，每家就负责五六个镜头。

不仅甲方要再找外包团队，一些外包公司手上的活儿做不完，也会把工作再分包给个人。接“二手包”的人想和导演沟通需求，得经过这家外包公司的人转述，沟通起来更困难。一位动画公司的 CEO 告诉小娱，网上那些吐槽《哪吒》特效管理不专业的人，很有可能就是“二手包”。“饺子发给外包公司的反馈视频，应该是他给整个段落十几个镜头一起提的意见。外包公司再把这位特效师负责的镜头单独剪给他，这中间就有可能会误传。”

事实上，不止《哪吒》，很多其他的动画项目如《风语咒》等，同样存在二手包的现象，甲方自己也知道。在采访中，一位接了《哪吒》“二手包”的特效师告诉小娱，为了提高沟通效率，甲方甚至会绕过外包公司，直接告诉他修改意见。改完后再由他发给外包公司。

在熬了无数个夜后，《哪吒》的后期工作终于完工。如果要总结《哪吒》在短短三个月时间就做完全部特效的经验，除了一线人员没日没夜地加班以外，一个最核心的指导思想就是“抓大放小”。

刚开始管理特效工作时，饺子非常“龟毛”，甚至连风火轮的火要往哪个方向飘都有要求。但事实上风火轮的运动速度极快，火苗又很密，放在大银幕上根本看不清。慢慢地，他开始妥协，开始放权，开始从全片的角度考虑特效效果。这也是一个新人导演从单打独斗到与人合作，逐渐丰富管理经验的必经之路。

缺乏人才和经验，薄弱的中国动画工业基础

复盘整个《哪吒》项目的后期工作，从混乱到有序，从效率低下到超预期完成，这背后折射的是动画行业整个工业基础的薄弱。易巧在接受娱乐资本论矩阵号河豚影视档案的采访时也说过，用1600多人完成整部电影的制作，并不是专业的表现。

都在说“工业基础薄弱”，那到底薄弱在哪？以动画后期为例，首先，国内视效行业并不发达，从业人员撑死了也就一万人左右，其中大部分还是做真人影视的。这次《哪吒》背后的特效团队，也大部分都是做真人影视出身，他们习惯和擅长的是做更真实的特效，而非对节奏和设计感要求更高的动画特效。

认知上的差异，提高了特效师跟导演的沟通成本。再加上饺子本身也不是特别懂技术，初期没通过的效果镜头就有很多。特效师小张跟小娱说起一个细节，有次他做了一朵高精度模拟现实的云，但导演不要，就想要卡通一点的云，“导演很有自己的想法”，他感叹道。

为什么专门做动画特效的公司那么少？现实原因是，因为单靠动画公司的订单无法生存。《哪吒》背后的特效公司之一源溢洋影视，之前曾参与过《风语咒》《大闹西游》等动画的特效工作。其创始人王艺澄告诉小娱，中国动画行业每年的产量很低，根本无法养活这么多特效公司。

一线的技术人员欠缺，专门负责动画特效管理的高端人才就更少了。《哪吒》的制作方可可豆动画本身有制作能力，却依然缺乏一个能统筹特效全流程的视效总监。特效公司身处产业链末端，本身利润就不高，人才也大量流入更赚钱的游戏和传统影视行业，能一直在动画后期领域深耕的人，屈指可数。

具体到后期制作流程上，《哪吒》在后期过程中暴露出的如工程文件混乱等问题，则是这一行的通病。目前动画行业在制作阶段分散程度较高，没有一家公司能一家独大，每家公司的工作流程和使用的软件都不一样，这给管理带来了很大的困难。国外很多全球协作的大型项目，制作方会有专门的研发团队，为这个项目编写专用的流程工具和软件，但国内很难实现，因为大部分公司都养不起研发团队。

当然，随着行业的发展，一些动画公司已经开始开发专业的管理软件。“比如命名规范这个问题，其实可以让软件自动纠错的，命名不规范就无法上传。”一位动画公司 CEO 告诉小娱。和真人影视不同，技术在动画行业中一向占据重要地位。享誉世界的皮克斯动画，前身就是乔治·卢卡斯旗下电影公司的特效部门，如今仍以发展尖端的动画三维软件见长。

至于在全行业建立统一的特效标准和流程，以目前国内动画公司遍地开花的现状来看，想实现恐怕很难。不过，随着《哪吒》的成功，动画行业势必会迎来新一波资本热潮，同时也会带来更多的人才和技术，这将进一步提升中国动画的工业化水平。

至于那些《哪吒》背后的“特效民工”们，随着行业整体盈利能力的提高，外包公司的接单价格也会相应提高。一线技术人员的工资可能也会从计件付酬转向按工时付酬，干活更有尊严。另一方面，在国外，已经有公司会给爆款项目的后期人员发奖金了。能让产业链末端的从业者跟着赚钱的投资方喝汤，这才是一个行业逐渐培植起来，走向繁荣的标志。

03

最后两位武生：吴京向左，赵文卓向右

吴京小时候爱踢足球，习武并非自愿，而是“老爹逼的”，在他 6 岁的时候，父亲把他提溜到什刹海体校，拜在李连杰师傅吴彬的门下。

同一年，赵文卓 8 岁，同样被父亲提溜到一代枪王刘洪仁的徒弟张值彬面前，拜师学艺，“我爸是个狂热的武术爱好者，所以从小就培养我习武”。

两位少年同出生在武术世家，同样有个精通武术的父亲，一个在松花江畔，一个在西城胡同，就这样被推着开始了武术生涯。

待到成年之际，两人先后考上了北京体育大学武术系，成为同校师兄弟。1991 年，赵文卓获得全国武术冠军，吴京则获得全国武术枪术、对练冠军。

吴京说，武术冠军是自己对国家做出贡献的真实写照，武术冠军成为功夫明星有很多如李连杰、赵文卓。

事实也如吴京所说，他和赵文卓都先后在 20 左右的年龄踏上了影视之路，两人都成为了演员，而后也都成为了功夫明星。

更奇妙的是，两人都被电影界称为“李连杰的接班人”，甚至奉为“中国功夫的接班人”。

不过奇怪在于，经历如此相似的两人却从未在同一荧幕出现过。

在南下北上的来来往往之间，两人曾经对于传统武侠的追求，在时代的沉浮变迁下，就像流星划过天空，却留下不同的足迹。

1

20 世纪 90 年代初期是香港新武侠电影的黄金时代，又因李连杰这个内地小子在香港影坛的辉煌战绩，许多香港导演因此北上寻找“能打”的演员。

导演元奎亲自到北京体育大学为影片《方世玉》选演员，赵文卓被同学撺掇去当场打了一套基本功和通臂拳，就被元奎看中了。

赵文卓初出茅庐，就与李连杰搭戏，对拍戏一窍不通的他常在片场被元奎怒骂，赵文卓听不懂粤语只能干着急，那时他可没想到自己能因为这个大反派角色而一鸣惊人。

当时徐克的《黄飞鸿 4》和《方世玉》在同一个片场，没有了李连杰当主演的徐克也因选角心烦，到元奎这走一圈，却一眼相中了赵文卓，让他来出演新一代黄飞鸿。

赵文卓后来回忆说，当时 24 小时连轴拍。白天，他是阴狠的大反派，到了晚上卸完妆马上跑到隔壁剧组，就成了一代宗师，连脑袋都得正过来。

吴京也是这样懵懵懂懂就开始演员生涯。

1995 年，《少林寺》的导演张鑫炎和武术指导袁和平想再拍一部功夫片，他们到北京找到李连杰的恩师吴彬，让他给介绍一个小孩，就像李连杰那样的。

当时吴京已经离开武术队 4 年了，为了谋生，他去首钢烧过锅炉，还在西四开了个店倒腾牛仔裤，当然也和外头小混混干过架。

吴彬二话不说就把吴京拎了过来，送进了《功夫小子闯情关》剧组，吴京第一次当男主角，面对摄像机都不知所措，更不用提要对钟丽缇说出“I love you”这句台词。

两人同在香港著名导演的带领下，开始了影视生涯。

赵文卓与徐克这对搭档，此后便频频开花。赵文卓的黄飞鸿并没能超越李连杰在观众心中的地位，但其后在《青蛇》中的出演又让赵文卓再次收获好评。

在这之后，赵文卓决定港漂，接连拍了徐克的《黄飞鸿5》《金玉满堂》和《刀》，与张国荣成为了好朋友。赵文卓说起港漂的不易，“没人讲普通话，特别希望有从内地来的朋友，总之你讲普通话我就请吃饭。”

赵文卓的这段经历，是继李连杰后内地演员去香港电影市场发展的翘楚，而因接替李连杰成为黄飞鸿接班人，又总被予以厚望，赵文卓先开始复刻李连杰的路，走向传统侠义功夫片的世界。

吴京这个李连杰的同门师弟反而没能在香港影坛一炮而红，处女作尴尬的演技让他被打了差评，吴京决定“回炉重造”练武，要一雪前耻。

不过导演张鑫炎并没有放弃他。1998年他再度与袁和平联手执导电视剧《太极宗师》，还是选用吴京当主演，没想到在内地播出后，万人空巷，吴京在内地反而先积攒起了人气。

吴京也有了“宗师”的称号，并开始被媒体称为“小李连杰”，后来的《小李飞刀》和《新少林寺》，更是让吴京成为了家喻户晓的功夫明星。

小有名气的吴京在内地以古装武侠片为主，开始传统武侠的道路，走出名堂后，徐克、刘家良等香港导演反而找到他，又要他出演港片，不过那已经是千禧年之后了。

在这香港电影最后10年的黄金年代里，东北小伙赵文卓抓住了尾巴，而西城武打少年却踏空了。

2

赵文卓成名之际，恰好还是李连杰在武打世界还处于领军的阶段，前辈锋芒太过锐利，赵文卓素有接班人之称，却也难免会处在李连杰的阴影之下。

20 世纪 90 年代末，香港动作电影市场严重萎缩，成龙、李连杰辗转去好莱坞发展，在香港闯荡了四五年之久的赵文卓就选择回内地拍电视剧。

2001 年，《风云雄霸天下》稳坐收视冠军，情深义重的聂风成了赵文卓新的代名词。此后《至尊红颜》中爱白头的李君羡，《七剑下天山》中历经曲折的楚昭南……赵文卓多了许多脍炙人口的角色，他与吴京一样，凭借古装武侠剧变成了内地家喻户晓的武打明星。

而与在香港的前十年相比，在 2001 年后的 10 年里，赵文卓再没有拍过一部电影。

与北上的赵文卓相反，吴京毅然选择了南下。在内地拍了 10 年电视剧的吴京，意识到古装剧逐渐让位于偶像、仙侠题材，市场也在萎缩，武打片更粗制滥造了。

而以《卧虎藏龙》为代表的电影作品，把“武侠”推成世界级品牌，“武侠”在华人群体有一种集体无意识效应，而内地导演用一种更为本土化制造的呈现方式，去展现中国武侠大片，而且大导演 + 大明星阵容的组合更为频繁了。

这与传统港片的武侠世界已经大为不同了，也不再一味追求“能打”的那种功夫明星了，赵文卓无法在内地电影中占据一席之位，而吴京自己本身也觉得，“倒不是因为特别喜欢港片，只是内地实在没有人愿意拍功夫片，我没有选择”。

因此吴京去港漂了，因为吴京还执着地认为那种理想中的功夫片还在香港。他没有意识到的是，香港的黄金时代已经过去了，而在香港人眼中，也根本没有吴京这一号武打明星。

可想而知，吴京来到香港，只能四处“拜山头”，在各个剧组穿梭，和那些群众演员一起吃盒饭，没有戏时，他在出租房里听着郭德纲。吴京的“没有乡音”略显孤独，他说，“一个人寂静地，在高楼耸立的一片楼群里面，传来了‘哈哈哈’的狂笑声”。

港漂两年，吴京始终无戏可拍，仿佛从高山跌入低谷，曾经那点在内地积累起的人气，也不知飘落到了哪里。

所幸的是，2005年，一次偶然的机会，吴京得以在甄子丹主演的电影《杀破狼》中特别客串，两人真刀真枪地“打了一架”，尽管吴京全片只有一句台词，这场打戏却成为名场面被粉丝津津乐道。

港人开始意识到吴京武打的厉害之处，而吴京也开始有了接戏的主动权，但奈何总是小角色或反派人物，他不可能再成为“宗师级”的人物，吴京知道属于自己的“功夫时代”不在香港了。

2008年，吴京决然离开香港，他去汶川地震灾区参与救援，还押上全部身家当导演拍了一部《狼牙》，但是熟悉了香港电影工业制作流程的吴京，在自导的影片中无意识地印上了港片的套路，不过内地观众早已不买账了。

而赵文卓在此时进入了电视剧事业的停滞期。吴京和赵文卓，这两人在当时好像已经成为了过气功夫明星。

2010年，当赵文卓再度在熟悉的香港导演袁和平的带领下，出演熟悉的古装武侠题材《苏乞儿》时，闪光灯却聚焦在了周迅和周杰伦身上，男一号的他反而像19岁刚到香港之时，成为角落里默默无语的那一位。

而吴京在2010年拍摄了一部《西风烈》，首次接触硬派的警匪动作电视剧，而这种题材也慢慢地成为吴京以后的发展路线。

3

吴京和赵文卓，走过的路径何其相似，在香港武打片没落后，两人的命运似乎经历了一次反转，而两人在那10年的尝试里，也逐渐开始明白“功夫明星”的身份不再适用了。

时隔经年，赵文卓依然会被问“为什么没有李连杰红”，而吴京则会被问“为什么没有成为李连杰的接班人”。

赵文卓曾经也困惑过，也因为舆论受到影响，后来成家立业后就看得淡薄了；而吴京则会直接说“我在重复走杰哥的路”。

吴京在《开讲啦》里说，任何一个动作演员都非常想去创造一个属于自己的动作时代。“我可能真的傻，但如果一辈子不能为自己的梦想去坚持一回的话，好像我再精明一点，活着也没什么意思吧。”

也许正是这样的想法，才让吴京一直找寻作为一个动作演员的出路。

2012 年，赵文卓指责甄子丹为“戏霸”，两人因拍戏闹得水火不容；而吴京在当时发了一条微博，让大家都来支持《大武当》，似乎在声援赵文卓。

当时的吴京为了拍摄《我是特种兵 2》，在南京特种部队里苦练。这场为时 18 个月的训练，让吴京彻底打开了一个新方向，“什么样的角色能够达到我的目标跟理想？军人。我要拍一部让男人看了更想做真男人，让女人看了更喜欢纯爷们儿的电影。”

因此 2015 年自导自演的军旅题材作品《战狼》上映后，用 3 万发子弹、32 辆坦克和五颗真实的导弹，带来了超 5 亿的票房成绩，吴京第一次真正尝到了“军人”这种身份角色的成功滋味。

《战狼 2》后，这种转型吴京彻底宣告成功了。然而，关于他和他的电影的争论越来越多。

对此，吴京说：“我不怕成为靶心，不怕有争议，不怕困难，不怕赔本儿。”

而在《流浪地球》后，这种非议又再一次重演。这次，吴京的回答不再那么“强调自我”——

“现在我们国家科技越来越进步，比如说月球车在月球背面着落，通过中继卫星传输。中国人越来越多地在看向未来。不像以前，一拍电影总是‘自1840年鸦片战争以来，中国几百年的沧桑苦难……’，现在我们在通过自己的实力在进步，在更向往美好的未来了。”

从传统武侠，到民族主义，再到人类命运共同体，吴京这一段话，可能也显示出了时代变迁过后，人们不再痴迷于传统武侠的那种民族气节，不再刻意追求古典浪漫主义，而是关注强大后价值观的再讨论，关注自身与世界的交际。

不过赵文卓的话题度就远没有吴京这么高了。他近几年也堪称劳模，他又重新拍起了电影，2017年有4部电影同年上映，但票房纷纷失利。

吴京在参与节目《真星话大冒险》时，杨迪让吴京从“导演、演员、颜值”三个维度评价自己，吴京想半天想不出来，杨迪说“要不评价一下赵文卓吧”，吴京吓一跳，“还是评价我自己吧。”

许是两人当初颇为相似的经历，如今却截然不同的现状，让人不自觉进行比较，甚至有网友喊话吴京《战狼3》找赵文卓来演。

在赵文卓《功夫联盟》的拍摄中，吴京去到片场探班，赵文卓在微博上晒出合影，如今看来，这两位香港黄金年代里最后的武生，两人共同见证了“武打演员”的没落之路，又不约而同地寻找新的机会和方向，还存在惺惺相惜之感。

而两人不同的造化，正是这个时代洪流给予电影市场沉浮的最好证明。

结语

很多网友看着吴京年轻时在《小李飞刀》中扮演阿飞的图片，惊呼“京了，这是我认识的吴京吗？”

吴京曾经那一段“武打少年”的时光或许很少有人记得了，但常常会有人问起，如今的吴京是怎样炼成的。

或许那些“武打盛世”的消逝，功夫题材的过气是吴京无法控制的，而吴京却始终没有丢失这个底子，只不过以另一种方式完成了自己心中的野梦。

至于他现在所获得的标签，他在接受局面采访时表示，他把自己电影的成功归功于自己的“精神股东们”的助燃。拼命不是他成功的最根本原因，对时代情绪的感知才是。

吴京花了 24 年的时间，才走到了自己的位置，时代与其本人一起，对前半生的武侠世界正式挥手说“拜拜”。

这是传统武侠时代的终结，也开启着另一种意义的红色动作时代。而最后两位武生截然不同的命运，也许正说明了武打血脉中存留的中华古典浪漫主义，或许正在消亡。

第六章

饭圈实录

偶像产业正在走向正轨，中国等了好几年才等来了“天时地利人和”，但在我们看来，整个产业链对于粉丝的理解和定位，大多还是从传统角度出发，没有真正尊重且理解粉丝。

01

粉丝送“偶练”出道要花多少钱？保守估计2000万

“今天大家先不要看直播，每半小时更新一次投票，死命投票！”

“投票通道卡了，赶紧买定制卡补回来！”

“还有三分钟，赶紧的！”

“再来一些票吧！”

“投票结束了……”

2018年4月6日，北京大兴的星光影视园中，上千名粉丝聚集在壹号演播厅，这是《偶像练习生》最后一次录制，也是最终出道战。

这场战役就在这一天落下了帷幕，最终出道男团NINE PERCENT由蔡徐坤、陈立农、范丞丞、黄明昊（Justin）、林彦俊、朱正廷、王子异、小鬼、尤长靖这九人组成。

《偶像练习生》收官之战成绩斐然，决赛投票数超过1.8亿，当天微博热搜被节目相关承包一半，朋友圈炸出了不少“隐藏”的练习生粉丝。

但你知道吗？为了送偶像出道，粉丝也花了超过1000万！偶像经纪公司都说他们打造一个男团一年要1000万，但粉丝的价值从《偶像练习生》中凸显，粉丝经济也成为《偶像练习生》最本质的注解。

千万集资

为了把偶像送出道，各家粉丝总共集资了 1000 多万。

据娱乐资本论旗下矩阵号明星资本论统计，2018 年 3 月中进入决赛以来，仅是在粉丝应援平台 owhat 上，《偶像练习生》前 20 名的练习生粉丝就集资了超过 1300 万，参与的粉丝组织近 50 个，这还只是公开的集资金额，为了在决赛阶段不暴露底牌，各家粉丝组织有意隐藏了部分集资金额。如果算上隐藏金额和散粉自发参与的投票活动、同款购买，保守估计粉丝将贡献出了 2000 万。

集资金额在一定程度上，体现了粉丝基数和付费意愿，当然也是在决赛中占据优势的关键。

《偶像练习生》粉丝公开应援集资一览

（收集平台：owhat；整理by明星资本论）

序号	练习生	参与发起的粉丝组织	应援筹得金额（万元）
1	蔡徐坤	蔡徐坤中文首站 蔡徐坤姐姐团-Kunsland（保密一项） 蔡徐坤星云站 蔡徐坤粉丝团官微（保密一项） 蔡徐坤全球粉丝后援会 ikunSeven蔡徐坤个站 Hikun蔡徐坤姐姐站 蔡徐坤妈妈团LoveyClub Sakura-蔡徐坤安利站	200.19
2	陈立农	陈立农超级农农全国粉丝后援会（保密一项） kallake超级农农资讯站（保密一项） BAIDU超级农农吧（保密一项） 超级农农数据特攻组（十一站联合） 超级农农Heart-心跳站（保密一项） 超级农农后援会打榜博	186.11
3	Justion 黄明昊	Justinmyeyes明昊中文首站 JustinH明昊全国粉丝后援会	164.67

4	朱正廷	baidu朱正廷吧（保密一项） 朱正廷中文首站 朱正廷-INSPIRATION个站 HeartAttack-ZZT心空战 朱正廷-Aurora极光战 GalaxyForJUNG-朱正廷银河站	97.6
5	范丞丞	果橙贩卖机 范丞丞吧官博（保密两项） 果橙ONLYADAM-范丞丞个站	90.17
6	林俊彦	林俊彦全球粉丝后援会（保密一项） 林俊彦吧-LYJ-Bar	83
7	李希侃	李希侃粉丝后援会	70.25
8	毕雯珺	初见-毕雯珺中文首站 毕雯珺后援会	65.69
9	小鬼	小鬼-王琳凯全国后援会（保密一项）	60
10	王子异	Boogie-王子异全球粉丝后援会（保密三项）	58.78
11	灵超	灵超DIDI全球后援会	49.86
12	卜凡	Carrot0413-卜凡个站（保密三项） Fantastic卜凡个站	35.97
13	尤长倩	尤长倩-有长进中文首站（保密一项）	32.46
14	钱正昊	钱正昊官方后援会 BonBonQ-钱正昊安利博 Quantus-钱正昊海外首站	27.9
15	朱星杰	朱星杰全球粉丝后援会	27.35
16	郑锐彬	郑锐彬全球后援会	18.46
17	Jeffcey 董又霖	董又霖官方后援会	12.45
18	秦奋	JustForRoi-秦奋后援会 Accompany0831-秦奋个站	9.53
19	徐圣恩	徐圣恩个人应援博	0.92
20	林超泽	/	/
其他	蔡徐坤&王子异	异坤反黑数据站	33.73
	王炸四子	王炸四子-Prince站	0.77
总计			1325.86

注：此次只统计了在owhat上公开的应援金额，隐藏项目及粉丝内部转账不在其中

从表格可以看出，蔡徐坤、陈立农、黄明昊、范丞丞、朱正廷这五人

占据绝对稳定的优势，林彦俊则完全体现了黑马姿态，集资金额83万位于前十，最后林彦俊第5位出道或许与之有所关联，对于网友提到的王思聪买票，谁都没法断定。

当然与最后的结果对比，集资金额并不完全对应，比如说李希侃的70万都没能让他进前九候选，毕雯珺家集资65万，可还是在最后输给了集资32万的尤长靖等。

这中间有路人好感度、粉丝打投热情、粉丝组织管理、资金用途、节目内部利益博弈等各方面因素，尘埃落定后，粉丝的投入未必无用，因为这已经为偶像个人商业价值添砖加瓦了。

此前，乐华娱乐说4000万造一个团，香蕉娱乐和坤音娱乐说，做男团一年要1000万。但粉丝在不到一个月的时间里，就花了近2000万，C位出道的蔡徐坤个人大概就贡献了300多万。这提醒我们，在偶像的打造上，是不是低估了粉丝的力量呢？

算一笔账

这么多钱花在哪儿了？

我们翻遍了粉丝在owhat上的集资项目，总结一下主要分为四类：投票、线下应援、生日应援和杂志集资。

线下应援和生日应援都很好理解，粉丝为了宣传及支持偶像会做一些灯箱广告、商业中心LED屏投放、机场广告和公交车车身广告等，在《偶像练习生》节目录制或线下见面会，粉丝也会做一些应援，花篮、广告墙、易拉宝、灯牌、手幅等一应俱全。

杂志集资则是为了增加偶像个人杂志销量，前段时间《南都娱乐周刊》曾出过练习生单人封面杂志，范丞丞、朱正廷、Justin的粉丝都抛出了集资链接，其中Justin的单封杂志不运回，吸收了5万多资金。

当然，粉丝的钱最多用在了投票上。小星星所在的一个集资群，曾经有位粉丝因为后援会把钱拿去做线下应援，而要求退还她的1万多集资，“我只想把钱花在投票上，送他出道。”

投票用钱的地方也有三个战场，一是日常投票账号，二是农夫山泉购水投票，三是爱奇艺 VIP 定制卡。

决赛阶段，一个爱奇艺账号一天只能投一票，VIP 账号仅 2 票，所以想要多投票，粉丝只能从淘宝购买爱奇艺账号，一个有效账号 0.4–0.5 元，粉丝组织一买就是几万个，几千块就这样出去了。

农夫山泉的投票规则是，买一箱维他命水，会送 48 次投票机会，3 月 28 日决赛前最后一次购水，票数翻倍。小 B 回忆，那天她定好闹钟定时 10 点去买了 3 箱水，花了快 300 块钱，买完没几分钟，带有投票机会的水就被售罄下架了。要知道这么算下来，一块钱才买到一票。“粉丝大多是一边喊着维他命水难喝，一边几箱几箱地买。”

在节目的加持下，农夫山泉线上销售额增长 500 倍，其实挺能理解，统计一下月销量，五款维他命水总共卖出了 6.7 万笔，粉丝多是一笔买好几箱，按 10 万箱来算，那就是 1000 万的销售额。

但最大赢家还不是农夫山泉，爱奇艺 VIP 定制卡成为粉丝追票最大的希望，买一个月爱奇艺 VIP，你可以获得最多 30 次投票机会，不限购买次数，相当于 0.7 元买一票，性价比更高。所以在决赛当天，小星星的朋友圈好几位在发定制卡领取链接，这对于爱奇艺拓展 VIP 用户，效果再好不过。

农夫山泉和爱奇艺 VIP 定制卡，也是散粉花钱最多的地方，且是自发行为，这也是为什么我们说集资加上散粉花钱，能达到 2000 万。

也就在 4 月 6 日，Justin 最大的粉丝站 Justinmyeyes 明昊中文首站，发布了整个赛程的集资明细，集资收入总计 163 万，支出主要是爱奇艺账号、直拍、小红书、定制卡和其他，其中定制卡就花了 127 万，爱奇艺账号花了 32 万多。

日投百票

有了钱和账号，没人投也不行啊。这时候就不得不提到粉丝打投组了。

出道战期间的1.8亿票，平均到每天也就是1286万票，刨除一部分路人投票，参考练习生们的前100超话签到人数，也就是核心粉丝数量，我们可以看到加一起也不到100万，其中蔡徐坤断层26万+，其他从5千–8万不等。所以，粉丝需要通过打投组快速建立优势。

《偶像练习生》部分超华签到情况

记录于3月31日，整理by明星资本论

超话名次	练习生	粉丝数（万）	签到数
1	蔡徐坤	49.8	26万
6	陈立农	47.1	8万
9	朱正廷	11.7	8万
12	黄明昊	11.1	7.7万
18	范丞丞	10.4	5.6万
21	林彦俊	3.7	3.4万
25	王子异	7.4	3.2万
26	小鬼	5	2.6万
30	灵超	6	3万
35	卜凡	45	2.2万
37	毕雯珺	2.6	1.9万
41	木子洋	6.3	2.9万
43	尤长靖	2.8	1.9万
58	朱星杰	2.5	1万
64	董又霖	1.1	9千
73	岳岳	2.2	1.4万
75	李希侃	1.7	8千
90	郑锐彬	1.1	7千
94	秦奋	1.9	6千
音乐榜	钱正昊	1.4	6千百

粉丝打投组织一般就是直属于后援会或话语权最大的站子，粉丝组织通过集资拿到钱，购买账号后，这些账号会分发给各个打投群管理，然后再分给参与的粉丝。各家参与打投的粉丝数量不一，有的一个群几千人，有的只有几百人，但就是这些万的打投粉丝，贡献了每天几百的票数。

某个参与了打投的粉丝 H 告诉我们，打投组有严格的管理，账号分为固定号和流动号，领了固定号就是要每天都投，没有时间每天投票的可以当天领取流动号，发号的管理每天会抽查投票情况，一旦有领号不投或者投其他练习生的，就会直接点名。

一个人一天怎么投几百票呢？打投组一般会有快速投票教程，比如开发的小程序，或者运用某个浏览器的插件，来提高投票效率。小 A 亲测，她之前一个个账号登录投票再退出，再登录投票，中间还要面对各种验证，一个小时都投不了 60 票，使用了打投组的方法后，已经可以 40 分钟投完 300 票。

各家粉丝之间的打投无异于战争，打投教程其实是被隐藏很深的利器，所以伪装成另一家的粉丝视奸超话、打探集资底细、偷教程的事情时有发生。一旦发现自家的攻略被竞争对手学到，两家粉丝的撕逼就接踵而至了。

另外一个粉丝 L 对此哭笑不得，她建了个小号追练习生，只有 2 个粉丝，经常被当作批皮粉（伪装成其他家粉丝），当她在喜欢的练习生超话里发快速打投求助时，还被其他粉丝私信，“你是不是来偷教程的？”她只能把自己参与集资的截图放出来，解释她真的是“自己人”。

打投组的精细化管理和流程化工具，是粉丝得以指哪儿打哪儿的关键，也是偶像们网络数据的基础，所以我们经常是可能 20% 的粉丝带来了 80% 的热度和价值。投票如此，控评、微博转评赞数据、热门话题等都是如此。

有人说粉丝组织颇有种军队的感觉，但其实饭圈更像是一个自由度极高的独立王国，粉丝作为组织者的拥趸，“水能载舟，亦能覆舟”，顶层的粉丝组织者可能上一秒还能发号施令，下一秒就被粉丝质疑跌下神坛。

在《偶像练习生》这里，粉丝管理显得既简单又难。简单在于，目前练习生曝光时间短，粉丝圈层形成发展时间有限，粉丝组织可能只有一两个真正受到散粉信服，所以粉丝基数小、组织集中度高、且目标一致的情况下，舆论比较好控制，粉丝也更容易号召。困难在于涉及到巨额的钱，中间环节更容易出问题。

竞价排名

“醒来打开电脑，一看桌面上的浏览器 TXT 文档安静了几秒，其实也不是感觉多么累，就是有点恍然。把它们框在一起拖进回收站然后清除时嚓的一声，也是轻飘飘的。”

今天早上，一位粉丝在微博中这么说道。

她的偶像没有出道，她每天的几百投票就这样被删除，“我也是，把几张写满账号密码的纸扔进了垃圾桶，心里空落落的”。评论里一片怅然若失。

在决赛之前，追《偶像练习生》的人大概就能知道，前九中起码有 7 个位置是固定的，蔡徐坤、陈立农、范丞丞、Justin、朱正廷、小鬼、王子异不出意外稳进前九，剩下的 13 个人竞争其他 2 个位置，其实概率很小，但徘徊在出道位的几个人，粉丝直到关闭投票的最后一刻都没有放弃。

这是盲目的狂热吗？不是。粉丝对于偶像的情感溢价可以体现在任何地方，但最终她们执着的是自己。《偶像练习生》的口号是“越努力越幸运”，到了粉丝这可以归结为“越投入，越热爱”。

有了这个动因支撑，放到整个粉丝竞争中来看，这就像是一个拍卖会，需要通过不断加注获取先机：各家粉丝纷纷砸钱，日投几百票，应援也不能落人之后。这就造成了，为了拿到稀少的机会，粉丝集资的钱越来越多，需要花费的时间精力越来越多，但粉丝们仍然甘之如饴，一句“他值得”

就足够解释。

选秀节目的顽强生命力大抵来自于此，只要你有一定量的粉丝，雪球一定会越滚越大。

只不过，生存战出道的偶像，面临的一个问题就是唯粉占据主导，团魂和团粉几乎没有，粉丝内部不稳定性很大，导致团体的商业价值未知。当然还好《偶像练习生》产出的只是一年半的限定组合，不需要考虑团体的长期发展。在这一点上，《偶像练习生》比当年的《燃烧吧少年》要更有前瞻性。

粉丝经济掘金之道

让我们拉回决赛当天的星光影视园。

“你的票多少钱出？”我们刚拿到票就被黄牛盯上了，最后对方出价9000买我们手中的录制门票。和一起排队的粉丝攀谈，她们大多都是通过黄牛拿到的票，基本都在8000以上，1万多也不少。

《偶像练习生》真的火了，即便是TFBOYS当年上快本的门票，以及周年演唱会门票，也就是最多炒到5000。

现在看来，《偶像练习生》是相当成功的，除了超过25亿的播放量，数以亿计的投票数量，还有播完就上热搜的热度，爱奇艺自己也赚得盆满钵满，一方面是快速拉新的注册量和VIP会员量，另外一方面是练习生们直接带来的经济效益。

总决赛之前，3月31日，爱奇艺曾举办过一场千人粉丝见面会，售价近3000元的门票，被一抢而空；NINE PERCENT未出道前就已经预定了悦诗风吟的1200万代言，接着又公布了美图手机的代言。而接下来这个九人团还会有巡演、见面会、专辑和更多的代言，这一笔买卖怎么看都不亏。

除了爱奇艺自己，在这条关于偶像、根植粉丝的产业链上，不少利益方都在挖掘粉丝价值。

品牌是处在最台前的，农夫山泉绑定投票，线上销售额翻500倍，你我贷获得了159万新增下载量，节目中练习生的斯凯奇同款卫衣卖断货，小红书知名度大大提高。除了节目的固定金主，在《偶像练习生》中，不少品牌都是只在某一期节目里植入广告，依旧能获得很好的反馈，如吕洗发水被粉丝几瓶几瓶地搬回家，决赛当天新进了一个伊利味可滋。

服务粉丝的依然也能获利，owhat作为粉丝应援平台，这一档节目就带来了1000多万的流水，在粉丝中的信任度和黏度都获得了巩固；我们当然也不能忘了卖爱奇艺账号的淘宝卖家，虽然一个号才几毛钱，但几万个账号下来，盈利也十分可观，因为大多数都是虚拟号，而非真正使用的手机号，投入产出比估计很高。

可以看出来，粉丝经济的确有的可赚，不过在这个过程中，我们发现不少粉丝都是在边骂边消费，“其实我们知道爱奇艺和一些品牌都是在消费粉丝，就是想让粉丝掏钱，但有时候吃相太难看，我们还不得不妥协。”有位粉丝这么说。

偶像产业正在走向正轨，中国等了好几年才等来了“天时地利人和”，但在我们看来，整个产业链对于粉丝的理解和定位，大多还是从传统角度出发，没有真正尊重且理解粉丝。

想要把偶像做好，那就要把控好每个环节，补足短板。《偶像练习生》让我们看到了国内偶像产业的希望，也看到了可以改进的地方。就像节目说的那样，《偶像练习生》不是终点，只是起点，我们可以期待的是未来。

02

“为了送‘我女儿’‘C位出道’，我们花了1200万”

孟美岐C位出道!

整个《创造101》期间，孟美岐的粉丝集资公开数额，加上未公开的数目以及私人集资，粉丝集资总额预计超过1200万。遥想三个多月前的“偶练”，各项数据“吊打”其他练习生的蔡徐坤，粉丝公开集资也才过200万。

《创造101》的收官之战，不仅仅是一场决赛，更是一场狂欢。

101女孩的粉丝集资规模更大
都落入了谁的口袋?

在“偶练”的热度基础之上，“101”其实从一开始就更受媒体关注。在经历过王菊爆红，自媒体进行了一番铺天盖地的报道，以及杨超越引发争议这些事件后，“101”影响力的广度要远超于《偶像练习生》，从亚文化圈层冲进了主流文化圈层。我们还发现，“101”的粉丝在集资金额上也远远超过“偶练”。

粉丝公开集资对比 整理by公众号：明星资本论（ID：mingxingzibenlun）						
排名	练习生	owhat集资（万）	练习生	owhat集资（万）	摩点集资	总额（万）
1	蔡徐坤	200.19（保密×2）	孟美岐	7422357	5429280	1285.2（保密×6）
2	陈立农	186.11（保密×4）	吴宣仪	4604635	4787794	939.2（保密×3）
3	黄明昊	164.67	Sunnee	4682873	10121	469.3（保密×2）
4	朱正廷	97.6（保密×1）	杨超越	1554190	2138619	369.3
5	范丞丞	90.17（保密×2）	赖美云	191778	2716864	190.9（保密×2）
6	林俊彦	83（保密×1）	傅菁	572791	1663465	223.6（保密×2）
7	李希侃	70.25	李子璇	1846994	/	184.6
8	毕文昭	65.69	紫宁	1562828	238816	180.1（保密×4）
9	小鬼	60（保密×1）	刘人语	1367362	164324	153.1
10	王子异	58.78（保密×3）	Yamy	631752	51334	68.3
11	灵超	49.96	陈意涵	/	633292	63.3
12	卜凡	35.97（保密×3）	徐梦洁	456781	140799	59.7（保密×1）
13	尤长倩	32.46（保密×1）	李紫婷	432353	51334	48.3（保密×2）
14	钱正昊	27.9	高颖浠	152160	236693	38.8
15	朱星杰	27.35	高秋梓	77030	137737	21.4
16	郑锐彬	18.46	段奥娟	15070	179124	19.4
17	董又霖	12.45	王菊	145764	42598	18.8（保密×1）
18	秦奋	9.53	吕小雨	122666	1388	12.4
19	徐圣恩	0.92	许靖韵	/	28851	2.8
20	林超泽	/	强东玥	25902	760	2.6
21	/	/	戚砚笛	/	17876	1.7
22	/	/	吴映香	/	251	0.02

（以上数据统计截至2018年6月23日中午12点）

明星资本论在偶练决赛当天统计过偶练前二十名的粉丝在 owhat 上的公开集资金额，加上未公开数目，预估整体金额超过 2000 万，最高一项是蔡徐坤粉丝的集资，超过 200 万。

而这次在 101 的粉丝公开集资中，光吴宣仪和孟美岐两个人的粉丝公开集资就超过 2000 万，是偶练公开集资榜前 20 名的总和。仅仅是孟美岐一家就集资超过 1200 万，这就不难理解今天决赛场外，她的粉丝能做到所到之处，皆有美岐的“壕”应援。

截至节目收官日当天中午 12 点，101 整体粉丝公开集资达到 4453 万，加上未公开数目以及各种私人集资，预计超过 5000 万。

有意思的是，这次集资混战中，平台不再是 owhat 一家独大，微博投资的摩点 APP 也成为了战场。“偶练”期间虽然也有粉丝用摩点，但数量非常小。粉丝平台在节目过程中流水和流量如此大，到明年两个平台做第二季的时候，预计会有更多粉丝平台加入混战。

那么，这么庞大的数额最终都落入了谁的口袋?

与“偶练”还有农夫山泉分走了相当一部分集资不同，101 女孩的粉丝集资，除了极小部分用于常规的自制周边和应援之外，剩下的将悉数用于购买腾讯视频的会员卡。也就是说，“101”给腾讯带来的会员收入毫无疑问将超过“偶练”之于爱奇艺。

尽管“101”的集资数目如此庞大，但我们发现，101 女孩的整体粉丝规模却与偶练男孩有相当大的距离。

由于超话签到的操作比起微博关注更复杂，前者更能体现明星的核心粉丝量。于是我们对比两档节目的练习生在决赛一周前的超话签到数（统计于距离决赛的同一时间点），来呈现粉丝规模的差距。

表格显示，超话粉丝最多的蔡徐坤拥有 49.8 万粉丝，决赛前一周的签到数达到了 26 万，甚至超过了孟美岐、吴宣仪、杨超越这些 101 热门选手的总和。前二十名偶练男孩的超话数据最低值在 101 上位圈的女孩中也能排到中间位置。

决赛一周前超话签到对比

整理by公众号：明星资本论（ID：mingxingzibenlun）

	3.31超话签到情况			6.17超话签到情况		
排名	练习生	粉丝数（万）	签到数（万）	练习生	粉丝数（万）	签到数（万）
1	蔡徐坤	49.8	26	吴宣仪	13.7	5.2
2	陈立农	47.1	8	孟美岐	15	4.9
3	朱正廷	11.7	8	吴映香	9.3	2.66
4	黄明昊	11.1	7.7	杨超越	4.5	2.35
5	范丞丞	10.4	5.6	Sunnee	5.6	2.29
6	林彦俊	3.7	3.4	赖美云	3	1.56
7	王子异	7.4	3.2	紫宁	2.7	1.4
8	灵超	6	3	李子璇	2.5	1.1
9	木子洋	6.3	2.9	傅菁	1.6	1.1
10	小鬼	5	2.6	刘人语	1.7	1
11	卜凡	4.5	2.2	陈意涵	0.82	0.69
12	毕雯珺	2.6	1.9	王菊	1.9	0.56
13	尤长倩	2.8	1.9	李紫婷	1	0.47
14	岳岳	2.2	1.4	徐梦洁	0.84	0.44
15	朱星杰	2.5	1	Yamy	2.3	0.4
16	董又霖	1.1	0.9	段奥娟	0.96	0.32
17	李希侃	1.7	0.8	戚砚笛	1.3	0.18
18	郑锐彬	1.1	0.7	许靖韵	0.35	0.16
19	钱正昊	1.4	0.67	高颖浠	0.34	0.16
20	秦奋	1.9	0.6	高秋梓	0.33	0.12
21	/	/	/	吕小雨	0.5	0.11
22	/	/	/	强东玥	0.35	0.1

以上数据均统计与两个决赛的一周前（偶练决赛4.6；101决赛6.23

此外，在明星资本论早前的数据统计中，蔡徐坤在节目期间的超话排名已经一度超过鹿晗、迪丽热巴等成熟艺人，这使得他跻身流量明星的第三梯队，他在“偶练”期间的粉丝公开集资还没到孟美岐的六分之一。

101 女孩的核心粉丝规模更小，集资规模却更大。也就是说，“101”粉丝的付费意愿整体上要高于“偶练”粉丝。

那么，为什么“101”粉丝能产生更高的付费意愿，从而撬动更大数目的集资？

粉丝的集资战斗力因何而起？

1. 更加激烈的竞争

“偶练”中，蔡徐坤从首次拿第一名开始，票数和微博数据就远超其他人，并且将这个优势一直保持到决赛，似乎蔡徐坤 C 位出道早已经成为板上钉钉的事情。

但在“101”中，战况就激烈多了。很多人的排名都相当不稳定，比如李子璇、傅菁就在上位圈（前十一名）进进出出。为了直观地看出各类数据的变化，及时弥补短板，有粉丝还自制了网络数据排名，不断刺激着各家的粉丝。

C 位之争就更加激烈了。吴宣仪、孟美岐两人都曾表明争第一的决心，在数据上一直胶着。昨天是吴宣仪重回第一上热搜，今天的热搜就变成孟美岐重回第一，不到最后一刻，都无法确定谁更有胜算。这对于粉丝来说也是一种刺激，战斗力自然会升级。而帮助偶像达成目标的途径只有一个——砸钱。

2. 花样百出的粉丝集资动员方式

当粉丝对于集资有极度迫切的需求，除了自己砸钱之外，还会想尽各种办法让其他粉丝也一起砸钱。

6月15日，临近决赛，孟美岐、Sunnee、赖美云和杨超越的粉丝进行了一次为期54小时的集资友谊赛，获胜者能够得到对手为自家偶像一定数量的点赞投票。

17日晚上10点，孟美岐的QQ粉丝群里，大量粉丝将集资的付款截图发上来——比赛到了冲刺阶段。与此同时，有粉丝还在B站直播集资数额的变化，配上快节奏的日本动漫音乐，这正如为战斗中的士兵们擂战鼓。

粉丝们在作战的氛围中热情高涨，更有动力集资，同时还能获得自我满足感。

24分钟内，孟美岐的粉丝为比赛项目集资超过22万，54小时内集资总额超过340万，参与人数超过1.8万人。这是孟美岐粉丝所有的公开集资项目中金额最高，人数参与最多的一个。

这只是众多集资比赛中的其中一场，还有吴宣仪与SNH48李艺彤的粉丝集资大战，前者为《创造101》的决赛，后者为即将到来的总选。同一个选手的男粉和女粉来一场集资PK也相当多。

除了比赛之外，还有些粉丝在微博承诺，只要某个项目的集资金额或人数达到一定数量，就追加一定金额，从几百、几千到几万，越接近决赛，金额越大，这也让很多粉丝互相动员。

在整个集资过程中，粉丝投入程度越高，情感越浓，黏性越强，继而更投入。在目标高度集中的情况下，粉丝对于目标和偶像有如宗教般的信仰，偶像利益已经超越个人利益。

3. 高性价比的定制卡投票

腾讯视频设置定制卡投票相当简单粗暴，这也大大助推了一把粉丝集资。

事实上，“偶练”在决赛前十天也开始了定制卡投票的赛段。在这之前，粉丝只能买农夫山泉，又或者在淘宝买账号，然后手动用打投软件投票。这个过程的门槛并不低，粉丝要知道买账号的淘宝入口，还要有打投技术和人力支援。同时，定制卡投票赛制还有诸多附加条件，购买者只得10票，必须将定制卡成功送出（有人点击领取），才能获得额外的10–20票。

复杂的投票机制不利于激发粉丝的集资投票意愿。如果将粉丝看成是票数的消费者就更好理解：复杂的购买过程必定会降低消费者的购买意愿。

相比之下，“101”设置的定制卡投票性价比更高，也更容易操作，还不需要大量的打投人员——只需要砸钱。

还有一个多月才到决赛的时候，节目就上线了定制卡，为粉丝买卡留足了时间。只要购买定制卡，就可以直接获得121票。成功送出后有可能得到额外的11票，但这部分小到基本上可以被大量买票的粉丝组织忽略。

也就是说，在“101”定制卡投票阶段，钱是投票的唯一条件。如果要帮助偶像出道，砸钱是粉丝唯一能做且需要做的事情。

当然，除了以上三点，路人粉、反杨超越者等等人群也起了一定的作用。

粉丝付费热情更加高涨，
女团行业有望赶超男团？

在决赛之前，“101”的人气选手就拿到了红秀、时尚cosmos和时尚芭莎的合作，品牌方面也接到了兰蔻和香奈儿的推广，而“偶练”期间只有范丞丞被传出将代言某面膜品牌。加上粉丝有更高的付费意愿，女团行业的前景似乎比男团更好。

但对比“偶练”带出的那几个男团的发展路线，这个结论或许还需要打一个问号。

在“偶练”播出期间，坤音四子和乐华七子就已经建立知名度，还有粉丝吐槽他们有抱团现象。这说明节目进行过程中，除了还没有成型的官方团之外，其他团也开始显山露水。节目结束之后，乐华七子、坤音四子等通过“偶练”走出来的男团，其实都在和官方团 nine percent 抢夺市场。

腾讯视频或许吸取了爱奇艺的经验，曾对外宣布未来 101 女团的成员将与原经纪公司签订割裂式合约，又交给哇唧唧哇全约运营，这意味着不会有类似范丞丞、朱正廷和黄明昊同时参与节目官方团和原公司男团的情况，通过“101”出道的人气选手无法在这两年内回到原团帮带其他成员。

更重要的是，在“101”播出期间，并没有某个团特别突出，更多的是个人吸粉。

一方面，就连乐华、香蕉、极创引力这些一开始引起注意比较多的女团，都在第一第二轮淘汰中被拆散，团的基础就已经不在了；另一方面，我们能发现，隶属同一个女团的女孩之间的互动镜头相当少；再者，原女团在节目期间的运营也不足以就此走出来。没有在节目中出道的女孩回到原公司女团中，也未必能带起整个团，更大程度倚仗原公司的运营。

这样的结果就是，容易形成 101 女团在新女团中一家独大的局面。对于 101 女团来说，这或许更加有利，但对于整个女团行业来说，可能离百花齐放比男团还要更远一些。

总结

《偶像练习生》和《创造 101》可以说是男团和女团行业的新起点。

与其说这两档偶像节目为偶像行业教育了市场，激发了粉丝的付费意识，倒不如说，它们俩让行业重新认识了粉丝在付费层面的能力和意愿。

事实上，它们也是架构在这么多年来，其他选秀类节目的基础之上的。

就不说韩国原版了，光杨超越的话题运用，就有曾轶可的影子；剪辑思路和人设故事也有《明日之子》的经验。

可以说，《创造 101》继承了腾讯在产品侧“微创新”的优良传统，以及龙丹妮、都艳等前湖南团队在综艺制作上工业化和集约化的能力。

在社会层面上，王菊这位非典型女团成员的出现和话题度破圈的舆论，更是宣告了中国偶像的生存土壤——绝不会是复制日韩偶像的大众心理投射模式。

但对于偌大的中国市场，打歌、团综等辅助节目，良好的衍生品收入，成熟的音乐工作化产能，这些都仍有欠缺。

无论是已经出道的11位女孩，还是那些仍不够有知名度的其他女团和公司，今晚的欢愉和失落，都只是一场盛宴的开始。

第七章

业内专访

中国电影行业在高速前行，全年电影票房从不足百亿到2015年突破400亿，五年间实现数倍增长，电影生产、观影人次、影院数量也增速可观，A股市场也相继出现了数十家影视企业，充分享受了市场红利，这一切都让于冬意识到，拍好中国电影、讲好中国故事的最佳舞台还是在国内，电影市场的未来仍是在中国。

01

专访于冬：创新主旋律的那个“推销员”

“塞翁失马，焉知非福。”于冬向娱乐资本论的矩阵号剁椒娱投如是慨叹。

2019 年的上影节接近尾声时，博纳影业总裁于冬在上海万达瑞华酒店接受了包括娱乐资本论在内的四家媒体小范围专访，这也是娱乐资本论第 5 次专访于冬。就在同一场地，博纳刚刚举行了三部献礼片的发布会，又会聚了一大批故交好友举办了 20 周年庆典。

2018 年上影节后开始的影视业风暴吹到现在，整个行业仍如履薄冰。不管是互联网影业还是传统影视公司，都接地气了许多，不再发布一长串的 PPT 片单，十拿九稳的项目才放出来。

博纳在一片寒意中，风景这边独好。在美股错失了 5 年，又在等待中度过了 3 年，博纳没享受到资本市场带来的红利，但业务却在行业一片低迷中稳定前行。

2019 年，博纳的主旋律影片创制更规模化，为献礼新中国成立 70 周年，博纳将在 8 月份起集中推出“中国骄傲三部曲”：《烈火英雄》《决胜时刻》《中国机长》。此外，在影院方面，博纳不久前拿到了院线政策开放后的第一张牌照，正在将旗下影院有条不紊接入新系统。在资本市场上，作为目前唯一排队 A 股 IPO 的影视公司，如今离回 A 的目标越来越近。

博纳 20 年，功不唐捐。

博纳出品的“中国骄傲”

1949 年的 3 月 25 日，党中央进入北平，随后进驻香山。全国解放胜利在望的前夕，毛泽东悄然于北平城中听戏，看到《霸王别姬》高潮处一度泪流满面，全然不惧城里还有潜伏下来蠢蠢欲动国民党特务的威胁。

“为什么有这一幕呢？这跟后面渡江时主席写的那首诗有关——不可沽名学霸王。”于冬熟稔地讲起《决胜时刻》（Chairman Mao 1949）的创作历程，如数家珍般向娱乐资本论还原出一个个情节冲突，如何改变以往拍这种类型电影的单一叙事方式，以及如何在重大革命历史题材的缝隙中进行合理的艺术创作。

“这个故事充满了悬念，充满了第一代领导集体的这样一种智慧和勇敢，同时也有小人物，有亲切感。”

博纳今年准备了 3 部献礼片，《烈火英雄》《决胜时刻》以及《中国机长》，后两部一定程度上算是命题之作。虽然是个“难差”——真人真事改编，最大的问题就是结局没有悬念，非常考验团队的制片策略。但于冬还是立定心志，决定拍出来。

“这个电影的成功，我这个制片人功不可没呢。”于冬对此颇为自豪，“《中国机长》这个选题一定，我第一个电话就是给涵予——我这接一大活，就是你了。我跟他一讲，他马上就被燃烧了，说‘我得去跟这个机长飞几趟，得跟他聊聊，我得训练一下驾照吧！’这些演员基本我一个电话就到位了。”

在项目筹备阶段，于冬决定直接去找《萨利机长》的团队做特效。飞机要怎么办也是首要难题，演员飞去美国的棚里拍当然省钱省事，“但是这样一部英雄电影跑去美国拍，我们中国就拍不了吗？我可以用你的特效，但不需要去美国拍一部中国故事，总觉得有点不对味。”博纳最后斥巨资，请西安飞机制造厂造出了一架 1：1 的模拟机，顺利拍摄，而这架飞机如今在青岛影视基地专设了一个特效棚，“以后大家拍飞机戏就方便了，也算为行业做了贡献。”

于冬表示，用“中国骄傲三部曲”作为博纳 20 岁生日的一个阶段总结，满满的正能量以及浓烈的家国情怀，相信会在广大人民群众中激起正面积极、广泛并深远的社会效应。

从《十月围城》救援孙中山开始，博纳就在试图对概念先行的主旋律影片进行思想价值和美学价值的突破。“我们赋予了英雄人物家国情怀的同时，也塑造了他的生活细节，他有缺点，但在危险面前表现出来的那种光芒，（观众）不言而喻会被感动。”其次是在语境上跟年轻人接轨，在技术上严格采用大片的技术标准，比如打到石头、木头、丛林里的声音，都有非常清晰的层次。用现代电影的方式去讲故事，归结到一点就是提高观赏性。

《十月围城》试水后，《智取威虎山》更是博纳主旋律大片的首次尝试。拍这个片子的初衷，源自于冬童年接受这些红色电影的基因，孤胆英雄、黑话、土匪头子很有意思。改编时关于解放军的部分原汁原味不动，但把八大金刚、座山雕反派进行了丰富。

《智取威虎山》的宣传点是好莱坞式的谍战大片，刻意不往主旋律上说，到了《湄公河行动》宣传口号就是“保家卫国”，到《红海行动》更是往主旋律上去。而博纳在“拆掉沟通的墙之后，发现其实年轻人挺喜欢看这种主流大片”。

博纳相继出品的《湄公河行动》《红海行动》，均在宣发不炒作、前期排片不占优势的情况下，凭借口碑多次逆袭。而这背后是博纳已经被反复验证的方法论，以优质内容影片为核心，优先考虑春节、国庆、暑期及元旦四大档期做发行。

而对题材的审慎选择，可能比上述几点更重要，体现出这个擅长主旋律公司的敏感嗅觉。

“《烈火英雄》拍的是大连油罐区爆炸，平民是零伤亡，消防员没有太多无谓的牺牲，这体现了在关键岗位上临危不退，更展现了普通人的英雄主义情怀。”而《中国机长》也是一切事故调查已成定论，机组被央视报道、被定为感动中国年度人物后，才放手一搏。

2019 年是新中国成立 70 周年，也是博纳的弱冠之年。

在高朋满座的博纳之夜，曾经将于冬引入香港导演圈的文隽、伴随于冬从第一次红毯走到纳斯达克的施南生、博纳合作的第一位导演黄建新以及林超贤、刘伟强等齐聚一堂话旧交，跟互联网影业用数据和片单长度标榜成绩不一样，这里更多的是中国传统的情与义。

在这场 20 周年庆典上，博纳宣布入股和颂，成为其第二大股东，开始布局艺人经纪，“我会陆续把跟博纳合作的演员全都争取到和颂这里”，于东希望通过专业的公司来管理和引导艺人，从而把控风险。

从电影发行，再到电影投资制作、影院建设和运营再加上艺人板块，博纳的 20 年走出了一家传统民营影视公司的中国特色历程。

从港片发行户到主旋律商业片引领者

民营电影公司之中，博纳算是先行者，于冬是从体制里出来的很早一批吃螃蟹者。当年于冬刚刚迈出校门，就踩在了电影业政策变革的节点上，各制片厂获得了故事片的自主发行权，不再由中影统一发行。随后，民营公司也有了参与发行的权利。

一个拷贝卖一万块钱，到了任何地方先喝酒，“一杯酒一个拷贝。”陈凯歌曾对于冬这种拼命三郎做法叹道“弄不好叫‘推销员之死’”。于冬凭着“能喝”的拼劲儿，以出众的发行能力，在26岁那年成了北影厂有史以来最年轻的副科长，韩三平签发的任命。

1999年，于冬下了决心，用3万积蓄和27万借款创立了博纳。20年后，再回首看下海创业、自办发行的这个决定，于冬当时就已经意识到，中国电影积攒了一股力量，即将走上快速发展的轨道。

凭借在北影厂建立的地方影院人脉和发行能力，于冬创业发行的第一部片子——黄建新的《说出你的秘密》就大获成功，最终票房1000万，于冬赚到了第一桶金。2001年，随着电影体制继续进行市场化改革，博纳拿到了首张民企电影发行许可证，开始走向香港电影圈的主战场。

1998年的金融危机重创香港电影，不少港片和电影人寻求进入内地市场。于冬机缘中拿下了文隽监制的《我的兄弟姐妹》，大打催泪营销牌、全国同档期上映，最终以2000多万元成为当年票房亚军，于冬一举在香港电影圈打出了名气。《天脉传奇》与《蜘蛛侠》对打，最终取得了3000万票房，将于冬进一步抬进了香港影视圈，从此博纳几乎垄断了港片在内地的发行。

2007年，红杉沈南鹏和SIG海纳亚洲创投抛出了橄榄枝，其注资还为博纳打通了银行融资的渠道。第二轮融资也以此迅速推进，公司从家族企业走向更规范化的现代企业。

博纳为了控制片源，开始大规模参与电影投资制作，《窃听风云》在2009年暑期档拿到1亿票房，《十月围城》在2009年贺岁档拿下近3亿票房。在这过程中，与创作团队关系的磨合为博纳后来拍片提供了重要的经验。

于冬抓住了香港导演北上的浪潮，“职业导演，还是香港要多一点。”开始是香港导演拿剧本找于冬，到后来则是于冬拿剧本问，“这活你拍不拍？”“只要你把剧本做好、配好足够的班底，以这些导演的专业性和职业经验，完成得很好。”

博纳逐步形成了由香港导演执导、以商业大片包装主旋律题材的方法论，《湄公河行动》和《红海行动》也一以贯之。以前有英模传记片，也有展现重大事件的作品，但真正表现国家担当的作品比较欠缺。比起一些主旋律电影的概念化，影片主创遵从类型片的创作规律，探讨了人性的深度。温暖的人性表达既能够迎合内地的主流价值观，也和港式人文理念相通，实现了内地与香港文化的有效缝合、对接。比如《湄公河行动》就解决了警匪片以暴抗暴的合理性问题，“这就是美学突破，也是思想价值正向浮动。”

值得注意的是，于冬一直以来都不看好明星资本化的账面游戏，除了投资韩寒的亭东影业，于冬与导演们的合作，主要是片约，更多还是建立在信任和默契上的关系。“跟黄建新是亦师亦友的关系，有重要项目会跟他商量，实在没人了，我说你来吧，他也就来了；跟超贤导演是片约，他跟我合作三部起，后面还有几部大片约，跟他像一个亲密的伙伴；刘伟强就是能够为你赴汤蹈火的兄弟……”

“选对题材，用对导演。”于冬作为制片人，对项目参与都很深，“这是多年积累下的信任，我肯跟他们一起做事，而不是一个甩手掌柜。”

除了主旋律以外，博纳与香港导演们合作，还为市场贡献了《追龙》《无双》等新港片类型，对文艺片也持续支持。比如《桃姐》的投资给博纳带来不过 8000 万元票房，但捧回了全球三十多个电影节奖项。

博纳的项目运作已经形成以于冬——制片人为核心的模式，一派好莱坞范式，不过制片人中心也只有一个。在于冬的计划里，未来的产能不会盲目扩大，“要做头部的头部，就是为全年四大档期定制。”这是典型的影片发行思维，与平台式思维不同，透露出一个资深电影人的行业敏感。

另一件有趣的事情是，博纳曾拿下第一张民营的发行牌照，而在院线牌照开放后，博纳又是啖得头汤，拿下了新规后的首张牌照。过去几年博纳影院稳健增长，到 2018 年底，博纳已完成 65 家影院的建设开业，2019 年还有稳定的继续开业计划。大盘增长进入瓶颈，院线生意不复以往性感，但仍是有产业链布局公司的必争之地。于冬看得很清晰，“现阶段留给影院的出路只有一个，就是强化剧场效果。”

回 A 之路漫漫，求索下前行

2010 年，在博纳业务覆盖了制片、发行和影院全产业链时，在投资机构的推动下，博纳赴美上市。

这是博纳的高光时刻。不过这个故事并没有按“美国梦”标准结局发展。事实是，境外投资者低估、甚至不认可博纳和中国电影的价值。“五年间，博纳从美股市场融资总额不到一亿美元，公司要靠项目滚项目的方式给自身“输血”。这五年常常被外界描述为博纳“失去的五年”。

与此同时，中国电影行业却在高速前行，全年电影票房从不足百亿到 2015 年突破 400 亿，五年间实现数倍增长，电影生产、观影人次、影院数量也增速可观，A 股市场也相继出现了数十家影视企业，充分享受了市场红利，这一切都让于冬意识到，拍好中国电影、讲好中国故事的最佳舞台还是在国内，电影市场的未来仍是在中国。

于冬的决心在《智取威虎山》票房大爆发而资本无动于衷时积累到顶点，终于决定回 A 股上市。2016 年宣布完成私有化，2017 年 5 月博纳影业进入上市辅导期，下半年便提交了招股书。

博纳私有化退市时，正是影视圈泡沫正盛时，行业内不乏抛出对赌、回购条件的上市融资计划。博纳没有盲目做出承诺，也顺利融了两轮，引进了阿里、腾讯、复星等股东，行事风格渐行渐稳。

曾在 2014 年上海电影节金爵论坛上说过“未来电影公司都要给 BAT 打工”的于冬，在博纳私有化过程中，并不回避地拥抱了互联网资本。“BAT 带来的技术革命、思维方式和金融资本都将成为产业发展的新助力。作为影视公司，核心竞争力一定是好内容、好文化和好战略。”互联网也可以成为转机。

市场变幻当真难以预测。当博纳还在资本市场门外排队，慨叹“错过了5年发展机遇”时，影视行业在2018年迎来空前的风波和巨变。

“塞翁失马，焉知非福。市场不好的时候我很努力地没让投资人受损失。在美国的五年让我在沉寂的时候能厚积薄发，积累了很多公司系统化的管理，现代企业制度的建立，财务、内控的规范。”于冬说到这里，言辞缓慢而又真诚。“我这个CEO既要懂得电影创作规律，又要懂得会计制度。”

对于A股影视上市公司来说，股东质押股权融资的情形非常普遍，正常市场条件下没有太大风险，而2018年的市场大跌让实控人们股权质押风险飙升，一部分公司因此易主。而因为没有盲目做股权质押，于冬和博纳从风暴中安然穿过，“没有这个资本加杠杆的喧嚣，反而让我这三年更集中精力，集中专注主营电影的业务发展。”

据博纳官方数据，截至2018年底，累计出品发行影片270余部，连续十年每年出品影片数量位列中国民营电影公司第一；出品发行影片获得中外各大电影节重要奖项400余项，获奖数量在中国民营电影公司中位居第一；出品发行影片累计票房收入超过300亿元，每年年度票房占比连续是十年位列中国民营电影公司前三甲。

据娱乐资本论的矩阵号剁椒娱投查询证监会官网数据，截至2019年6月20日，博纳在中小板的IPO排队序列中是第11位，已经越来越靠前。

五年之后又三年，博纳从美股退市，又选择了老老实实排队IPO，最终靠着踏实稳定、深耕主业走到了最恰当的位置。

02

融创文化孙喆一：开拓科幻、动画、短内容，10 年打造东方迪士尼

孙喆一，融创中国董事会主席孙宏斌的长子，现任融创文化集团总裁。

融创文化，是孙宏斌在地产主业之外，开辟的“新文化战场”，旗下 4 大板块——融创影视、乐创文娱、乐融致新，以及青岛东方影都融创影视产业园，员工超过 1000 人。

在走马上任之后的 8 个月里，孙喆一几乎从未对外发声，唯一一次在公众场合亮相，也没有接受任何媒体采访。

低调，不代表无所作为。

目前，融创文化已经完成了对国民 IP 阿狸背后公司梦之城的控股，并且投资了《全职高手之巅峰荣耀》《刺杀小说家》《解放了》《我和我的祖国》等多个影视项目。

娱乐资本论矩阵号河豚文旅获悉，近期融创文化还将陆续公布更多的新项目。

2019 年 8 月 27 日，孙喆一在北京接受了娱乐资本论的专访。这也是这位低调的“掌门人”首次与媒体深入交流。

外表阳光帅气，表达谦逊随和，在我们面前的孙喆一，与外界传言中的形象基本一致。见面时，他穿了一身休闲装，轻松随意。

让我们意外的是，这个年轻人已经有了自成体系的战略和人才观，并且，开放而笃定。他告诉我们，文化产业这件事，自己至少要做10年。

然而，融创到底要做一家什么样的文化公司？

孙喆一想了想说，融创文化既不是一家传统的创业公司，也不是一家纯内容公司，有融创中国的实业基础在，可以做长期的布局，接受未来几年的投入时间，在利润上可以有一定让步。

“未来10到15年的时间应该不会变赛道，因为融创文化承担着开拓的责任，做不好，就是对整个融创集团的不负责。”

孙喆一肩上的使命，不仅是一位成功企业家的儿子，能否达到父亲的高度，还有融创中国能否实现自己的“诗和远方”。

“我低落过，但父亲鼓励我，经历一下也挺好的”

孙喆一毕业后没有选择自己创业，而是直接进入了父亲的地产公司，在资本市场、土地获取、项目运营等部门轮岗。

网上关于他的公开信息极少，除了他21岁毕业于波士顿大学，27岁进入融创做执行董事，年薪120万以外，直到2019年2月，才在青岛东方影都第一次露面。

有人评价：“他被保护得很好。孙宏斌把儿子扶上马，还要再送一程。”

融创中国目前业务包括，原有的房地产和物业，以及新业务文旅和文化，后者是地产黄金时代结束之后，融创中国新的战略方向，被寄予厚望。

娱乐资本论问孙喆一，当初为什么没有选择接管文旅？

他笑着说，他们（融创中国）根本就没有考虑我。“文旅重运营，需要一个在运营层面特别专业的人，在管理难度上要比文化大得多，整体挑战也比文化集团更大，还是要有更合适的人来管理。”

换言之，文化板块的业务相对更好上手。不过，融创文化核心资产是并购而来，股权关系错综复杂，孙宏斌也是梳理清楚之后才交到儿子手上的。但即便这样，孙喆一也经历了一段相当长的适应期，刚开始连续3个月晚上都睡不好。

“有点不适应，因为有太多没处理过的事情发生。比如，以前管的人都是自己招的，都很年轻，但现在，团队构成比较复杂，不同业务风格差异也比较大。”

说到底，孙喆一在做的这件事情，孙宏斌也没有过成功的案例，面对文化领域，整个融创中国都是陌生的，在探索中前行。孙喆一坦率地说，平时很少跟父亲交流影视投资，因为他不怎么看电影。

也许正因为如此，孙宏斌对融创文化采取了放权的态度，给了孙喆一很大的自由度，尤其是在投资方面。在公司股权投资层面以及影片投资层面，孙喆一会向总部汇报，通常情况下都得到了支持。

这跟其他地产公司的影视投资流程很不一样。当然，这并不意味着孙喆一强势，相反，他还是很好相处，而且，投资决策之前也会跟两个影视团队充分讨论。

2019年上影节期间，融创文化的新内容厂牌融创影视正式浮出水面，到目前为止已经投资了多个影视项目。

在孙喆一看来，跟投的逻辑非常清晰，并没有遇到特别纠结或者难做决定的时刻，一方面是自己研发的项目要两年以后才能上映，要考虑现在占档期打品牌，因此要挑选一些头部优质影片做标的；另一方面，还要考虑到能跟线下做联动。

说到这里不得不提一下东方影都。它不仅是融创文化集团同行业内沟通的一个重要抓手，更是一个提供优质项目的平台。“相比市面上高溢价高风险的项目，我们更倾向于选择一些知根知底的项目合作。”《刺杀小说家》和《解放了》两部影片即有大量戏份在东方影都融创影视产业园拍摄。

融创文化的新变化：两大影视厂牌区分化，影视基地考核标准是剧组满意度

跟他聊天，其实更多感觉到他身上投资人方面的素养，语速很快，更重战略。不过，这并不影响他按照一套创业的想法去经营这家文化公司。8个月的时间，融创文化发生了一些明显的变化。

比如，2019年青岛东方影都融创影视产业园管理团队的考核标准发生了调整。背后的逻辑，其实是从经营性财务目标到剧组满意度目标的转变。在孙喆一看来，影视产业基地是做服务的，除了提供拍摄基本的配套服务外，还包括孵化服务，这里最需要回头客。

“一个产业基地必须要有5–10年才可能真正养起来，我们希望很多剧组拍完戏之后还愿意再回来拍，而不是仅仅为了短期内赚点小钱。等产业链慢慢建起来，我希望那时候东方影都是业内制片和拍摄团队都普遍认可的一个基地。”

在融创文化的业务板块中，乐创文娱是一个成熟的团队，融创影视是后来组建的新团队。这是两个独立的影视厂牌。

因为乐创文娱此前做过多轮融资，融创文化是乐创文娱的大股东，融创文化也在一直给乐创文娱输血。

“乐创文娱会关注更年轻，高概念的内容，融创影视今后将专注于成为一个合家欢或者正能量的品牌。”

比如，融创文化比较看好的科幻题材，一个项目可能投资就三四亿。这种情况下，用乐创文娱的主体去投资，可能会有现金流及风险承受能力的问题，这时反而是融创影视更直接一些。

在孙喆一看来，乐创文娱已经是一个非常成熟的团队，融创影视在经历项目的历练后也会更成熟起来，两个团队也会慢慢走向一体化。“现在研发项目，两个团队会做充分讨论，资源跟内容是公开的，但两个厂牌都

会往各自的战略方向走，会保持充分的独立性。”

自建研发团队，开拓科幻、动画和短内容

2019 年 2 月，孙喆一在青岛同西海岸的一位政府人员一起看了《流浪地球》，整个过程中，他哭了三次，被影片中的温情瞬间感动。

当时融创文化已经确认了两个影视研发方向，科幻和动画，主要是认为这两个领域的影视作品都可以落地，转到线下跟融创文旅相结合。

不过，没想到《流浪地球》的票房一下子冲到了 46 亿，随后就是大量的资本冲入科幻领域。当时孙喆一的第一反应是，做科幻一定要小心。

“未来每部科幻电影都会跟《流浪地球》对标，第一部观众会包容，但第二部肯定不会。而且，资本进来之后，科幻 IP 版权价格明显上涨了。所以，我们觉得，可以先缓一缓，先聚焦动画领域。”

这也是为什么，从今年初融创文化就一直接触动画公司，包括这次并购阿狸的母公司梦之城，甚至成立了自己的动画研发团队的原因。

通过阿狸这个国民级 IP，先把融创内部的环节和模式打通，今后的其他 IP 长链运营就可以按照这个模式走。今年晚些时候，阿狸的线下规划是，在融创已经开业的 8 个文旅城都会有展览和线下体验活动。

在内容形式上，短内容也是孙喆一非常愿意去尝试的一个内容方向。

一部电影，至少时长 100 分钟，对于很多人来说，这意味着时间成本。“我最近看了一部影片，是分三天看的，一会看一点，一会看一点，大家的耐心越来越小，包括目前网剧很多人都是加速状态观看，那为什么不能做得更精致一些？”

在孙喆一看来，短视频（短剧）还是一个蓝海市场，目前玩家还不是很多。如果可以抓住机会做一个突破性的，中国头部的领先短内容，将对融创文化有很大的价值。

"我经常跟公司团队说，作为一个电影公司，如果这个都做不好，做电影就更难了。而且，我觉得国内市场对短内容的需求很大。"

短内容对于融创文化来说，还是一个布局状态，比较难的就是，平台有可能不会买单，因为短剧的商业逻辑没有被证明。包括之前业内同行也做过一些短剧，但商业层面的反响一般。但孙喆一相信，短剧的商业逻辑是存在的，一定会越来越好。

《爱，死亡和机器人》花了4000万美金做了18集，融创文化也想做类似的内容，并且愿意投入一定的成本打造短剧集。

不过，无论是科幻、动画，还是短内容，在目前的环境看，都是非常难做的事情。孙喆一不是没想过解决方式。

在影视文化领域，人是最重要的资产。大公司要想涉足文化，关键是要找对人。孙喆一的方式是培养自己的人。这是他从父亲和融创中国那里学来的重要经验，因为孙宏斌身边有一批跟了他20年以上的老部下。

"我觉得空降到一个公司是很危险的事情，他对企业文化没有足够的了解。我愿意在团队身上交学费，我培养100个人，总有十几个人愿意留在我身边跟我一起干。而文化是融创中国未来10年的战略，我需要培养自己的人。"

"我愿意投入和培养，甚至吃点亏，后面有可能会赚回来"

业内一直试图将融创文化与某一家文化公司对标，比如同样是地产入局文化的恒大影视、复星影视、万达影视，又或者是同样背靠大树好乘凉的互联网文化公司，比如腾讯影业、阿里影业等，但融创文化跟这些公司都不同。

在聊天中，孙喆一不断重复，融创文化并非传统意义上的影视公司，也不是一家纯内容公司，而是一个产出IP的公司，核心逻辑是，当有了一个 IP 之后，如何将其价值不断放大，学习迪士尼的路子。

他提到了乐融致新的业务板块。目前，乐融致新的电视存量有 1000 多万台，未来希望能把存量提高到 3000 多万台，这就意味着线上每年有一亿多用户量，再加上文旅城全部开业之后，线下也差不多有 1 亿的用户。“这两个渠道，对内容是一个挺可怕的放大规模。”

从融创文化集团成立开始，孙喆一就经常想，10 年以后，中国的内容行业是什么样子，中国的文旅行业是什么样子，然后提前布局。

“有可能三五年都是亏损的，但有可能到第七年的时候，商业模式就走出来了，一旦走出来，后期的增长，就是翻倍的长。”

背后有融创中国强大的实业现金流做支撑，融创文化是愿意长期投入的，短期内利润上可以让步。这是孙喆一从融创中国学来的又一重要法则。

在融创中国的几年时间里，孙喆一跟了很多特别优秀的人，他们的思路有时候会很不一样。

“比如，融创集团曾尝试进行高溢价收购案例，我当时不理解，后来，我发现有些事情要用更全面的产业思维考量，有时候短期内就是要有培养和投入，甚至吃点亏，因为后面很可能就赚回来。”

融创文化集团自成立时就确定了“内容 + 平台 + 实景”的战略，孙喆一也早已经做好在文化领域深耕的准备。文化板块对于融创中国而言，是一个内部创业，如果一开始就抱着只做 5 年，之后就去做别的，这也不符合融创集团的战略。

“如果你去看迪士尼模式，或者是环球模式，会发现，内容是他们的底层支撑，如果没有内容，它的整个商业逻辑就塌了。我们对内容，再重视都不过分。”

融创文化才刚刚启程，孙喆一也在不断学习的路上，他的目标也很坚定，“我觉得 5 年或者更久之后，当大家说到东方迪士尼概念的时候，会想到融创文化。”